生命中最初的感动

那些让我们学会长大的故事

You Raise Me Up

沈舒然 —— 编著

最初的开始

我们都是孩子

往后的生命

怀念最初的感动

北京联合出版公司
Beijing United Publishing Co.,Ltd.

1010

如果你也曾经偷偷地
偷偷地喜欢一个人
我想你的心里
每天都会开出一朵花

塞在抽屉里的大白兔奶糖
折进一场心事的星星和纸鹤
人海里目不转睛望着的背影
夜深人静时反复默写的名字

故事都已经褪色
只有心跳还记得
在最好的年纪，我遇见你

我曾经是个傻瓜
对失去的长吁短叹
对拥有的视若无睹

像一株骄傲的向日葵
习惯了迎着光仰望天空
被风吹低了头才看到土地

我们曾经横冲直撞
我们终于后悔莫及
多希望时光可以倒流
伤害不曾发生
一切可以重来

秋天，万物成熟
远行的人踏上远行的车

列车开了很久
仍开不出你在月台的遥望
你曾目送我哭着走进幼儿园
也曾目送我笑着去远方打拼

你站了很久很久
似乎从来没有离开过我的背后

当我长大的那一天
你开始老去
当你老去的那一天
我站在你曾站过的地方
成为你的眼

有时我会梦见另一个我
兴冲冲地，呼喊着
在乡间的小路骑着车
每次醒来都面带笑意

最初的开始
我们都是孩子
那些来自过往的回响
像是照亮梦境深处的光

触动生命最初的感动
带我去到更远的远方

最初的开始

我们都是孩子

往后的生命

怀念最初的感动

目录

第3章 千言万语不如紧紧拥抱你

第4章 当你老去的那一天

第5章 那些爱和勇气不会消失

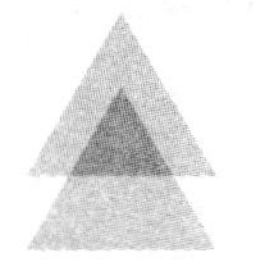

后记

青春属于表白，阳光属于课桌台
而我想属于，一个拥有你的未来

白兔糖，好朋友，巧克力
记忆里，最有趣，好甜蜜

多幸运，在最美的年纪
遇见你，没有遗憾哭泣
抱紧你，努力微笑成长

第1章 最好的年纪遇见你

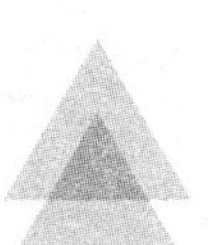

我爱你，哪怕与你无关

终于，我要成为别人的妻子了。

我失去了你，却没失去那个爱你的我。

她十六岁那年，喜欢上一个男生，他不算高，白白净净的，戴着一副黑框眼镜，喜欢打篮球，会弹吉他，会唱歌，成绩优异，是个众星捧月的宠儿。她只是个普普通通的女孩儿，爱玩，爱笑，性格开朗。

其实那时候早恋已经很正常，女追男也没什么大不了的，她也不是那种内向的女孩子，但是单单在恋慕他这件事情上，她像个害羞的小姑娘，把这份感情深深地藏在心底，谁都不曾告知。她觉得，有时候远远地看着，就已经很幸福。

平常放了学，她会以慢跑锻炼身体为由，在操场上多转几圈，只为了能够看他打篮球。她像所有小女生一样，偷偷地把想对他说的话写在纸上，折成幸运星放在大玻璃瓶子里，每天看着阳光下闪闪发亮的玻璃瓶还有五颜六色的星星，她就已经觉得很幸福、很满足。

她觉得，能和他并肩走在一起的应该是长发披肩、温柔体贴、眼神如水、时不时抿唇一笑就能融化所有人的姑娘。可偏偏她不是，她只有齐耳短发，笑起来大大咧咧，眼睛立马眯得只剩下一条缝。

她十九岁那年，考上了一所普通大学，他考上了另一所城市的重点大学。她坐火车去新的城市，离自幼长大的小镇越来越远，脑海里浮现出和他一起的点点滴滴。大学的生活并不辛苦，当然，除了军训那段时间，其他时候她和室友们嬉笑打闹，充满乐趣。

晚上的时候，有人和男朋友煲电话粥，她多次按下烂熟于心的号码，最后却没有拨出去，只能在心中默默地回味记忆。那时候，她明白了什么叫作思念，什么叫作牵挂，什么叫作放不下。

莫名地，眼泪就簌簌地落下来。因为他们之间，只与她有关，和他无关。

大学的生活说长不长，说短不短，开朗活泼的她不乏追求者，但她都委婉地拒绝了。她想成为更好的自己，出现在他面前。

有人八卦，问她为什么拒绝所有人，她只能含糊地答："读书嘛，当然是学业比较重要！”确实，大学的四年里除了必要的活动，她几乎都泡在图书馆。她早就给自己定好了目标，一是成为自己想要的模样，长发及腰，温柔婉约；二是考上他所在大学的研究生，重新出现在他面前。

等回到老家，去参加了同学聚会，她头发乌黑亮丽，肤白貌美，谈吐温柔，众人都眼前一亮，从前那个嘻嘻哈哈的假小子已经出落成亭亭玉立的大姑娘。很快，他也出现在众人面前，手里牵着一位温柔妩媚的女子，有人开玩笑地起哄："哟，这是谁啊？"

他笑着说："不是说可以带家属吗？"

她垂下眼帘，小心地掩饰自己眸子里的失落。

原来，她迟了一步，他已经有女朋友了。

她只能像普通同学一样走过去和他打招呼，云淡风轻地说："好久不见啊！"

她二十二岁那年，如愿以偿地考上了他所在那所大学的研究生，然而，他没有继续读研，进了一家全国五百强的大企业，能力超群，受人赏识，短短一年月薪就过万。

而她呢，继续当一个学生妹，开始了单调的研究生生活。当然，她依旧单着。

那年寒假回家，七大姑八大姨坐在一起吃年夜饭，都很八卦地问她："囡囡，你有没有男朋友啊？什么时候带回家来看看？"

她只能低下头喝汤，笑着说：“研究生学业繁重，我光看书都来不及，哪有时间交男朋友啊！”

当天晚上，她母亲就拉着她语重心长地说：“孩子，你喜欢读书，妈为你感到骄傲，也不阻止你，但是光读书也不好，到底还是要结婚生子的啊！平时别那么心高气傲，有好的小伙子也要试着处处……”

原来，母亲以为她眼光高。

其实，她只是心里装着别人，不到最后那一刻，死也不想把他从心里摘除。

她伏在书桌上，望着放在桌面上的七个玻璃瓶子，里面满满的都是她藏在心底的恋慕之意，透过灯光，不停地闪烁。

她二十五岁那年，凭着重点大学的硕士文凭和丰富的实习经历，成功进了一家跨国公司，谋得一个不错的职位。

那时，他已经自立门户，当上了老板，生意红火，短短三年间就成了本市的有为青年，并和副市长的千金订了婚。

她受邀参加他的婚礼，听着耳旁对两人郎才女貌、天造地设的一对儿的夸赞，一边笑，她一边鼓掌。她拍得很用力，连掌心都在疼。

台上的两人时不时对视一笑，所有的浓情蜜意都跃然眉梢，看着他幸福，她也为他感到高兴，觉得自己也拥抱了幸福。同时，她心中也有一份苦楚，好似从小到大坚持的那份渺茫的念想就此要熄灭了。

也是时候将他从心里摘除了。

她二十六岁那年，嫁给了公司的同事，两人从谈恋爱到结婚不到半年时间，因为家里催得紧，在她看来，如果那个人不是他，换作任何人都一样，所以她也没有多做反抗，顺理成章地就将自己交付给了一个父母满意的人。

他们的婚礼办得简单，只邀请了至亲好友。当天晚上她喝了很多很多酒，但是脑子一片清醒，在洗手间吐得稀里哗啦，恨不得把胃都呕出来。她望着镜子里的自己，妆花了，泪眼婆娑，从小到大，她第一次觉得暗恋他是一件很苦的事情，苦不堪言。

随后，她擦干了泪水，补好妆，挺直腰板，扬起笑容走出去，每走一步，她觉得自己的双脚像是美人鱼在陆地上行走一般，有锥心刺骨的痛。

那天早晨，她流着泪折了一颗幸运星，上面写："终于，我要成为别人的妻子了。我失去了你，却没失去那个爱你的我。可是，无论如何，我都依旧爱着你啊。"

她三十六岁那年，遇到一个老同学，闲聊时知道他公司破产、妻离子散的消息，那就像是一颗重磅炸弹，将她平静而安稳的生活打烂。同学说他时常流连酒吧，靠酒精麻醉自己。

她费了九牛二虎之力才找到他，望着镭射灯下烂醉如泥的人，她没有多问，只是从包里掏出存折，上面是她所有的家当。她平静地递过去，一动不动地望着他："我不懂生意，只有这点儿钱。你用得上，还有机会。"

他醉眼朦胧，接过存折，望见上面那一排数字，顿时目瞪口呆。这段时间，他看尽了人情冷暖。毕竟，这世上锦上添花的人太多，而雪中送炭的人太少。他难以置信地望着她，说不出一句话。

她只是淡然一笑："朋友嘛，能帮就帮。"

当她丈夫知道她把家里的一百多万就那么平白无故地送给了陌生人后，劈头盖脸地就一顿骂，扬起巴掌狠狠地抽到她脸上，大吼："你他妈是不是给我戴绿帽子？是不是？"

但是她承受着脸上火辣辣的痛，没有否认，用沉默应对了丈夫滔天的怒火。

他是她爱了一辈子的人啊，虽然从来没有向谁承认过，但当别人质问时，她绝对不会否认，哪怕这个人是她的丈夫。

她四十岁那年，他的公司重新发展起来，成为全市十强企业。一天夜里，他开着豪车来到她家楼下，带着律师和合同进了她家，将一份股份转让合同推到她面前，说："这百分之十的股份，是你应该得的。"

她的丈夫笑眯眯地将合同挪到自己面前，拿起钢笔签字，说："都说为朋友两肋插刀，那时候你有难，我们伸出援助之手也是应该的嘛！"

等到寒暄过后，他起身准备离开，她才说："留下来吃晚饭吧！"

他望着她，顿了顿，随后点点头。

等到她将饭菜从厨房里端出来时，一道一道都是他最喜欢吃的，他诧异地望向她，只见她垂着眼帘，神色自然地将蔬菜夹到孩子碗里。

这么些年来，她先成为别人的妻子，再成为孩子的母亲，此时此刻在他面前，她已经能够很好地隐藏内心的汹涌，面上表现得云淡风轻。

他心中释然，觉得是自己想多了。

等到用好晚餐准备离开时，他才从公文包里拿出一张请帖递过去，说："到时候，希望你们能一起来。"她只当他有什么普通的宴会，并没有在意，随手放在沙发上。

等到送他离开后，她在家中收拾碗筷时，她的丈夫在客厅调笑地道："这男人啊，只要一有钱绝对离不开'风流'二字，你这老同学现在生意风生水起，佳人在怀啊，你看，这不，婚宴的请帖又送来了。"

忽然，她手一颤，指尖传来一阵疼痛，清洗菜刀时不小心被划了一下。血不住地从指尖流出来，她连忙放到水龙头下清洗，血水溢满了洗手池，殷红色充斥她的双眸。

她忽然想起十五年前挽着他手一脸幸福的女子，她中式的喜袍就是这种颜色，红红的，满是喜庆。

她五十五岁那年，做家务的时候忽然昏迷倒地，她丈夫连忙把她送到医院，检查过后，医生面色凝重，背着她将她丈夫叫到一旁。

她毕竟是个聪明人，一眼就明白了，连忙叫住医生，平静地问："我得了什么病，还能活多久？"

“肝癌晚期，三四个月吧。”医生望了望她，一脸遗憾地道。

小说里都这么写，她倒是没有料到这样的桥段会落到自己身上，真的是人生如戏，戏如人生。

她不想把在人世间的最后一段光阴都葬送在四壁冰冷的医院里，家里人拗不过她，只好接她回了家。她回去后就开始为自己一手操办后事，告诉丈夫她想要温馨的葬礼，不用太过悲痛。很多亲友都闻讯赶来，见她最后一面。

最后一个来见她的人，是他。她满心欢喜，能在生命的尽头被他送别，知足了。

大概爱着一个人的时候就是这么没出息，只要一点点事情就能感到满意。

他一来，早已开始神志不清的她顿时就清醒过来，好像回光返照似的。她见他手里拿了一颗幸运星，诧异地指着，问：“这是送我的吗？”

他愣了愣，连忙点头，说：“是，是的，你喜欢吗？”这其实是刚刚在医院门口有人募捐，他给了点儿钱别人送的，谁知却误打误撞，合了她的心意。

她接过他手里的幸运星，死死地捂在胸口，只觉得胸腔有一股暖流，涌出来遍布四肢百骸。

他坐在一旁陪她说话，望见桌上还有一堆幸运星，笑着问：“你喜欢星星？”

“是啊……”她浅浅地笑。其实，她更喜欢坐在自己面前的这个人。她顿了顿才对他讲：“我老家的房间里放了三十九瓶幸运星，等我死后，你能不能让它们和我一起火化？”

他连连点头，刚刚张嘴还没来得及开腔，她就已经闭上了眼睛，脸上还带着淡淡的笑意。

她火化那天，他依照她的临终所托，将那三十九瓶幸运星洒在她身上，一起推进了火化机。有两颗幸运星不小心落在地上，他准备离开时瞧见了，将它们拾起来放进了兜里，就当留作纪念吧。

等到他七十岁的时候，他已经成了神志不那么清醒的老翁，整日坐在院子里的摇椅上晃悠。不知道为什么，他时不时地会想起她，每当如此，他的心中都会涌出一种别样的情绪。

或许在他看来，他和她并没有那么深的交情，可是在所有人都弃他而去时，是她站出来成为他的救命稻草；或许是因为她记得他喜欢的菜式；或许是因为她望他的眼神……

总之，她在他心中也成了一个特别的存在。

有一天傍晚，四岁的小孙子到院子里来玩，突然拿着小字条跑到他面前："爷爷，爷爷，这上面有字，写了什么呀？"

他扶了扶架在鼻梁上的老花镜，跃入眼帘的是一段话：

> "楠，好久没有见你了，你还是那么帅气，挽着你手的姑娘很漂亮哟，我还是比不上你身边的人呢。"

他皱着眉头问孙子："这是哪儿来的？"

"你桌上的幸运星呀，我把它拆了，看到上面有字耶！爷爷，写了什么呀？"小孙子一脸天真地问。

"还有一颗呢？"他双唇哆嗦着，颤抖着问。

“这儿。”小孙子递过一颗泛白的星星，隐约还能瞧出来从前是蓝色的。

他颤颤巍巍地拆开，上面写着：

> “楠，我知道，我爱你与你无关。但是，有一个让自己义无反顾去爱的人，又何尝不是一种幸福。所以，谢谢你出现在我的生命里。”

“楠，我知道，我爱你与你无关。但是，有一个让自己义无反顾去爱的人，又何尝不是一种幸福。”他一个字一个字地念着，重复了很多次，泪水模糊了双眼。

初恋那年，抽屉里的大白兔

我给你一颗糖，
你给我一颗心，
好不好？

最近不知道是怎么了，我的抽屉里每天都会出现一颗大白兔。今天早上也不例外，我习惯性地摸出大白兔，拆掉上面的包装纸然后塞到嘴里，阿雅大惊小怪地叫起来：“看吧看吧，我就知道我没有猜错，今天又有糖吃。”

阿雅是我的好朋友，听她这么说，子虞也开始起哄：“你说，是不是有谁暗恋你，想要用这种方式打动你啊！”

我撇了撇嘴，递给她们一个我什么都不知道的眼神，说：“我和你们一样，丈二和尚摸不着头脑，都别看着我啊！”

“不可能啊，一个男生喜欢一个女生，那个女生不可能一点儿感觉都没有啊！”阿雅一副不相信的模样，一把勾住我的脖子要挟我，“快说，到底是谁送的大白兔？”

“我真不知道啊，可能是夜校生下课的时候放在这里的吧！”我瞪着大眼睛，无辜地说。

子虞嫌弃地白了我一眼，说：“得了吧你，夜校生会给你放一个月的大白兔？况且，这一个月里面座位也换过了几次，每次大白兔都在你抽屉里，怎么不到别人抽屉里啊？”

“也有可能……夜校生也调座位了呢！”我咂巴咂巴嘴随意地说，大白兔是我最喜欢吃的牛奶糖，香味浓郁。

阿雅用力地按了一下我的额头，说：“就你嘴贫！”

事实上，我也很想知道这颗牛奶糖是谁放的，别说我还真的认真地观察过有没有男生偷偷瞄我，或者时不时地给我献殷勤。事实证明我想多了，一切和往常一样。再加上给我放牛奶糖的这个人没有留下只言片语，我想找也不是那么容易的事情，总不能把奶糖拿到警察局去验指纹吧？

别逗了，好吗？

“咦，你说会不会是那个转校生给你放的牛奶糖啊？”子虞偷偷地瞄向坐在其他组的转校生，阳光洒在他脸上，勾勒出优美的线条，他的脸上出现一圈光晕，好像漫画书里走出来的美男子。

“不要开玩笑啦！怎么可能是他！”我垂下眼睛，有些不好意思，像他这样优秀的男生，怎么可能看上我这么普通的女孩子。

“你要相信，一切皆有可能！”阿雅也八卦地凑过来，挑着眉跟我分析，“你别说，仔细一想，子虞说的也有道理啊，转校生刚刚转过来，你立马就收到了大白兔。能够对你的生活、换座位什么的一清二楚，必须是生活中很熟悉的人啊！”

阿雅分析得也有道理，我偷偷地瞄了一下帅气的转校生，心中不由自主地荡漾起来，随后又不好意思地反驳道：“你们别乱说啦，他转到我们班一个月了，我和他除了必要的交流，私底下一句话都没有说过，怎么可能是他给我的大白兔！”

“说不定是一见钟情呢！”阿雅一脸梦幻地说道，我恨不得把白眼翻到天灵盖上：“阿雅，你能不能不要活在偶像剧里面，一见钟情看到的无非就是皮相，你看我，长得是倾国倾城的样子吗？”

“说得也是哦！”阿雅看起来比我还要失落的样子，估计是没有满足她八卦的心理。

这时，子虞接过话茬儿：“你们听说了吗，三班的那个班花偷偷给转校生递过纸条，可是被他无情地拒绝了！”

“真的吗？还有这样的事情？”我有些难以置信地瞪大眼睛，要知道，三班的班花可是我们年级出了名的品学兼优，不少男神围着她转，简直就是众星捧月的公主。

“当然是真的……我骗你干吗！”子虞噘了噘嘴。

听她这么一说，我顿时就打消了送大白兔的是转校帅哥的想法，班花那么漂亮那么优秀的女孩儿他都看不上，怎么可能对我这种普通得不能再普通的姑娘青睐有加呢？别痴人说梦啦！

正在这时，转校大帅哥走到我们面前，声音平淡如水，脸上也是平静的模样，说：“同学，你们的数学作业还没有交，再不交就要来不及了！”

我偷偷地瞄了他一眼，见他面无表情，在心里犯嘀咕：“一看这样子就不是看喜欢的姑娘啊，对喜欢的姑娘不是要面红耳赤、有点儿不好意思吗？”

但是，等等……那个，数学作业？！

“我的天，我的数学作业还没有写呢！”我大叫一声，慌里慌张地开始翻书包，“什么时候布置的数学作业啊，我怎么不知道还有数学作业这回事儿啊！”

“昨天晚上的作业啊！”阿雅一副恨铁不成钢的样子，用力地点了点我的额头，“你说你！你脑子里成天想的都是些啥啊，连作业都能忘记，我看你吃饭会不会忘记！”

“吃饭当然不能忘记，人是铁饭是钢，一顿不吃饿得慌。”我翻着课本和作业簿，忽然记不起要写什么了，“做第几章来着？”

“第三章啦！”子虞也很嫌弃地甩了我一个“卫生球”，好吧，我承认我有点儿缺心眼儿。

“第三章……第三章……”我嘀嘀咕咕地翻着课本，“第三章讲的是什么来着？”

“抛物线！”

“抛物线？平抛运动？”我歪着头问。

“我的天！我真的是服了你了，你是猪吗？抛物线是数学里面的，平抛运动是物理里的，你能不能听课认真点儿啊！”阿雅再也受不了我了，丢下一句话扭身就走。

我又不是故意的，毕竟我是一个典型的文科生嘛，对理科这些东西根本就一窍不通啊！又不是现在才认识我，我是什么样子你们心里最清楚啊！

中午我们会一起去图书馆写作业，大家围在一起基本上心思都不会放在功课上，女孩子嘛，八卦八卦更健康，但是午休的时候是不能发出声音的，否则不仅会影响到其他爱学习的同学，还会被检察员扣分，到时候就要去班主任办公室喝茶了！我可不想这样，所以，传纸条是我们惯用的伎俩！

阿雅将一张字条推到我面前：“我对送你大白兔的男生好奇万分，怎么办，我好想知道他是谁哦！”

“我也想知道啊！”我回了一张字条给她。

子虞也加入了我们：“想知道放牛奶糖的人是谁，其实有一个法子！”

我们都齐刷刷地望向她。

她勾了勾手指，我们都不约而同地凑了过去，她用只能我们三个听见的音量讲：“不管那个人是谁，大白兔总要放到你的抽屉里呀，既然他会放进去，我们总是能揪住他的咯！”

“就是！”阿雅瞄向我，一脸不怀好意，“一定是转校大帅哥哟，你还真幸福耶，能被那么帅的男生喜欢上，还是梦幻的一见钟情，大帅哥骑着白马来接你了！”

“骑白马的也有可能是唐僧。”我不由自主地脸红起来，忍不住地泼她冷水。

“哎呀，说正事儿呢，你们俩就不要贫嘴啦！”子虞不满地抱怨一句，随后对我说，“明天早上你早点儿去学校不就好了，看看是谁放的。”

“那要早到什么程度？”这个……方法确实算个方法啦，守株待兔嘛，就是要多早啊？我平时是个很懒散的人，实打实的起床困难户，每天都是踩着铃声进教室，根本就不可能早到教室的。“呃，你看看我，像是能早到教室的人吗……”

子虞看了我一眼，无奈地摇了摇头，说：“也对，是我高估你了！你不迟到就已经谢天谢地了！”

阿雅灵机一动，拉了我一下，说：“我有办法了，每天早上小文都是第一个到教室的，你问问她不就好了？”

对哦，我点了点头，准备一会儿再去给她打招呼，让她帮我留意着。

“午休的时候不要讲话！”不知道什么时候，检察员直挺挺地站在我们身后，瞪着我们严肃地说道。

我们都低着脑袋不敢再说什么，装模作样地学习起来，我这才看到我翻到第三章的数学课本，我的天哪！我的数学作业还没有做！我刚刚只顾着和她们聊天，根本就忘记了写作业这回事儿！

然后再一看手表，午休都快要下课了，我还有一大半没有动。我偷偷瞄了瞄检察员，见他走远了，赶忙扯了扯阿雅，说:“阿雅，这道题我不会，你把你的作业借我参考参考，行不行？”

“你说什么？”她似笑非笑地看着我。

“借我看一下嘛，好朋友不是应该两肋插刀吗，我只是让你把作业借我一下而已！”我皱着眉撒娇道。

“借过去干吗来着？”她不怀好意地反问一句。

“参考一下啦！”我可怜巴巴地望着她，“马上就要下课了，第一节课是班主任的课，我根本就不敢写作业啊，第二节就是数学课了，要是我再写不完就要去跑操场，你忍心看着我跑操场吗？”

“把作业本借你可以呀，但是你借过去干吗？参考？”她一手按住自己的作业本。

“好啦好啦，借我抄一下啦，真是的，一定要我这么说出来！”我被她气得不行，子虞在一旁看热闹看得起劲，也不说帮帮我，真是损友！

放学后我让子虞和阿雅先走了，她们两个是吃货，放学后一定会去小吃街大饱口福，我是一个书虫，每天必须要去图书馆借几本书带回家看。

到了图书馆，我轻手轻脚地进去，在一排一排的书架上找自己喜欢看的言情小说，正找得起劲的时候一抬头，忽然看见对面的书架前立着一个熟悉的背影，正是转校大帅哥！

他手里捧着一本书，低着头仔细地看着。我偷偷瞄了几眼，是村上春树的《挪威的森林》，不由得有些诧异。日本作家村上春树的书，我还真的不怎么喜欢看，虽然很多人都说写得很好，可是我看不太懂，太晦涩了。

不论我表面上怎么否定那个给我偷偷放大白兔的人是他，然而我内心深处，多么希望那个人就是他啊！但是像他这么优秀、这么帅气的男生，怎么可能喜欢上我呢。我实在是不敢抱有这种不切实际的幻想。

我抽了一本张小娴的书，这是我一贯喜欢的风格，翻开封面就不自觉地看起来，忽然，我感觉身后有人在看着我，我皱着眉头张望了一圈，没有找到偷窥我的人。

我心里有点儿发毛，也就不再选其他的书，拿着张小娴的那本就往柜台走去。

“你的密码是多少？”我把借书卡递过去后，工作人员问我。

“6227。”我礼貌地说道。

“6227。”一个声音在我身旁响起来，我惊讶地抬起头，见转校大帅哥站在我身旁，手里也拿着一本书。

我们俩对视一眼，我感觉气血翻涌，一股脑儿地涌到脸上，我想，那时候我的脸一定比猴子屁股还要红！

“哈哈，你们俩还真是有缘分呢，居然是同样一个密码。”工作人员一边扫描一边说，正巧化解了我们之间的尴尬。

不过，转校生向来都是酷酷的形象，对于工作人员的话并不搭理，只是冷冰冰地移开视线，再也没看我一眼。

我只能干笑着回应工作人员，总不能让别人尴尬呀：“是呀，还真是神奇！”

等工作人员把书录入电脑后，我抱着书出了图书馆，可是脑子里还想着刚刚借书卡密码的事情。我的密码是我的生日，他的密码有什么特殊的意义呢？

我不知不觉地就想入非非，等到反应过来的时候一拍脑门儿：“你都在胡思乱想什么，干吗要去窥探别人的隐私！”

等我走到图书馆后面的停车场，顿时犹如石化一般僵滞在原地。我的天，我的自行车不见了！

我手足无措地冲到刚刚停自行车的地方，这里本来应该有一辆车的呀，怎么突然就不见了！我在原地转了几圈，实在是没找到自行车，着急得要哭出来。

这辆自行车我已经骑了五年了，虽然很破旧，但是感情深了，我一直舍不得换，现在就这么被偷了？

我抱着侥幸的心理在图书馆四周寻找，希望我的自行车奇迹般地出现在我面前。我找得疲惫不堪，难过地蹲在地上，天色渐渐暗下来，我背着书包可怜兮兮地蹲着，四周还有蚊子在不怀好意地围着我打转。

“这么晚了，你怎么还不回家？”忽然，头顶出现一个冷冰冰的声音。

我一抬头，望见转校生那张帅气的脸，他脸上没有什么表情，语气也很平缓。

“我的自行车不见了，找了好久也找不到。”不知道为什么，看着他我的心里马上涌出一阵委屈，刚刚独自找了这么久我都没想哭，此时眼泪却不知不觉地冒出来，簌簌地糊了一脸。

“你……你别哭，我帮你找，你别哭！”他脸上淡漠的表情瞬间消失不见，转而替代的是不知所措的样子，他连忙把我从地上拉起来，忙不迭地从校服口袋里掏出纸巾，“你的自行车是什么颜色？”

“紫色的，已经骑挺久了，不仔细看都看不出是紫色了。”我一边擦眼泪一边抽抽搭搭地说道。其实我不想哭的，我还想在他面前维持一下淑女形象呢，怎么能哭得跟个小丑似的。

“什么牌子？有什么特别的地方？”他接着问。

“新晨牌，没什么特别的，只是前面的框上我自己装了一个维尼小熊……”

“在图书馆的停车场不见的吗？”

我点了点头。

“上锁了没？”

“上了！”

“那行，你先回家吧，我去帮你找车子，找到了给你送回去……”他认真地说道，把我吓了一跳。

这么晚了，哪有人会帮人随便找车的呀，我刚刚以为他只是跟我客气一下，谁知道他还真的要帮我去找车，当下就不好意思起来：“不用了不用了，我……我再换一辆就好了……”我连忙拒绝。

“你先回家，要不然我送你回去？”他垂着眼帘望着我，在橘黄色的灯光下，脸上围起了一圈弱弱的光晕，此时我觉得平时冷冰冰的他显得格外温柔。

“不……不用了，我自己回去……”我吞吞吐吐地说道，望了他一眼，又补充了一句，“找不到也没事儿的，真的，我可以再买一辆，反正那辆也很旧很破了！”

他点了点头，不停地向我挥手，示意我赶紧回家，自己却义无反顾地朝着市区走去。

我望着他的背影，眼眶不由得红了。

这个男生，为什么对我这么好？我的心扑通扑通地直跳！

第二天早上老妈叫我吃饭，我赖了一会儿床，忽然想起自己的自行车已经被偷了，要坐公交去学校，肯定会比较慢，所以一翻筋斗就爬起来了，匆匆忙忙地下了楼。

“哎哟，小懒虫今天起来得挺快的呀！”老妈见我下来，连忙调侃。

“妈，牛奶在哪里？”我拿起一块面包就准备冲出去赶公交。

“在厨房里啦！昨天晚上有一个男同学把你的自行车送回来了，他脸上还带着伤，是怎么回事儿啊？”

要不是我嘴里塞着面包，此时一定能够塞下一个咸鸭蛋。我的自行车被转校大帅哥送回来了？

“我昨天借书的时候把车停在停车场里，然后就被偷了，我一个同学知道后说去帮我找……”我脑子里有点儿蒙，喃喃自语，“没想到还真被他找到了……”

“可不是嘛，送过来的时候都已经十点多了，那时候你已经睡了，他还特意让我不要叫醒你，怕打扰你休息……”老妈一脸八卦地凑过来，“那小伙子长得还挺帅的，人又体贴，这么晚把车送过来，是不是喜欢你？”

我愣了愣，真的是无语问苍天，在学校有两个八卦朋友就已经够受的了，家里还有一个八卦的老妈，当下就逃似的往学校里跑：“妈，你能不能正经一点儿啦，我和他只是普通同学啦！”

“普通同学就普通同学嘛！有什么好跑的！”老妈在我背后大喊，“你别忘了把修锁的钱还给那位同学啊！”

“知道啦！”

到了教室，我一眼就看见他在座位上看书，目光锁定在他布满瘀青和贴着纱布的头上，心里有点儿过意不去，难道他真的因为我的自行车打架了？

阿雅一见我来，立马抓着我八卦起来：“亲爱的，你的帅哥挂彩啦！”

“我知道……”我有些过意不去地收回视线。

“你刚刚才到教室，为什么会知道？这件事是不是和你有关？坦白从宽，抗拒从严！”阿雅连忙追问。

顿时，我悔得肠子都青了，真的是一言不慎啊，想要避开都不行，只得照实说：“昨天我的自行车不见了，是他帮我找回来的，然后送到了我家……”

“送到你家？”不知何时，子虞也过来了。

我点了点头。

“他为什么知道你家在哪儿？”

我也一愣，对呀，我没有告诉他我家地址啊，他是怎么知道我家的？我狐疑地望了他几眼。

“噢！我知道了，你抽屉里的大白兔奶糖一定是小帅哥送的！一定是！”阿雅比我还开心的样子。

我难以置信地瞪着眼，伸出手摸了摸抽屉，大白兔奶糖已经又摆在那里了，拆开，放到嘴里，甜腻的味道顿时在口腔蔓延。

好不容易熬到了晚上放学，我看着他走在前面的背影，小跑着追了上去，有些羞赧地说道：“那个……那个，同学！”我叫住他，他转过身望着我。

我觉得我脸好烫，好像所有的血液都涌到了脸上，说：“自行车的事情，谢谢你！”

“不客气，同学之间应该互相帮助！”他淡淡地说道。

“好吧。”我有些失落，他这样的回答无疑就是在告诉我“你不要自作多情哟，我帮你只是因为我们是同学……”我顿了顿才又问：“那个，自行车的锁多少钱？我得给你！”

“十三块。”

我从钱包里掏出十三块给他，他也默默地收下，顿时，我们陷入了尴尬，毕竟，我和他没有说过几句话。为了不让气氛冷到冰点，我只能没话找话：“你怎么找到自行车的呀？”

“就那么找的……”

这个回答，答了跟没答一样。

“你的车被人偷了……”他又补充了一句。

“那你还挺厉害的，被偷了一定不好找！”我干笑了两声，然后关心地问，“你脸上的伤，是在帮我找自行车的时候弄的吗？”

“他们不想还车，我只有武力解决了！”

“一辆破自行车而已，你犯不着和他们打架啊！你现在只是受了点儿轻伤还好，万一有什么意外怎么办？”我的声音不知不觉地高了起来！

“你……生气了？”他小心地问。

“我只是觉得不值得啊！我和你又不熟悉，只是普通同学啊，你犯不着啊！”其实，我只是太担心他了，现在都还心有余悸，和小偷打架，要是他们恼羞成怒掏出小刀怎么办？电视里都那么演的，很多人都是这样丢了性命！

“你说，我和你不熟？”他的声音很轻很轻，还微微夹杂着颤抖，“你真的对我没一点儿印象了？”

“我……该有什么印象？”我难以置信地瞪大眼睛。

“那个……我们小时候认识啊，那时候你在学自行车，有一个和你一般大的小男生陪你一起，你还记得吗？”他一脸期待地望着我，那神色，让我说不记得都觉得罪恶，可是，我真的没什么印象啊。

“小时候……”多小的时候？我开始搜肠刮肚地回忆小时候的事情。

“啊！我想起来了！”

我记得十年前在公园里学骑自行车，我因为个子比较小总是摔跤，那时候脾气很倔，明明痛得不行却还是不愿意放弃。后来来了一个小男生，一直在我车座后面扶着，然后再慢慢地把手松开……我就是在他的陪伴下学会了骑自行车！

有时候我摔跤摔得疼了，他就会拿出大白兔奶糖哄我，一副小大人的模样:“别哭别哭，吃颗糖，甜甜的，痛痛都飞走！”我也是因为这件事才开始喜欢吃大白兔的。

后来，他忽然在我的生命里消失了，无论我怎么找都找不到，四处打听才知道他搬家了，去了哪里，谁都不知道。

就这样我们断了联络，谁知道十年之后还能再相遇，还成了同班同学。

“你这小子，当时为什么不辞而别，你知不知道，找不到你的时候我哭了好久，好长一段时间连自行车都不想骑了！”我望着他，眼睛里不知不觉就涌出了泪花。

“你看，我这不是回来了吗？我看到你的第一眼就认出你了，哪像某人，这么久都还认不出我，我还天天在你抽屉里放大白兔，想给你点儿提示，谁知道你的脑子里一团糨糊，是我高估了你的能力，最后还要我自己挑明！”他揶揄地说。

顿时，我气得大叫:“你的脑子里才是一团糨糊！”然后拽着他打，两个人你追我赶地回家，我脑海里浮现出小时候模糊的画面，心中涌起一股暖流。

第二天早上一到教室，我摸了摸抽屉，我本来以为我们已经说开了，他应该不会再放，谁知道还有奶糖。

我拆开包装纸，将奶糖放到嘴里，甜腻的味道立刻充满浑身的每一个细胞，幸福得冒泡泡。忽然，我瞧见糖纸上有一行字:“我给你一颗糖，你给我一颗心，好不好？”

霎时，我面色绯红，我能感觉到他正坐在座位上看着我，脸上挂着似笑非笑的神情，好似在逗弄一只猫咪。

我咬了咬嘴唇，骨子里的倔强在这时候蹿了出来，连忙拿出字条写了一行字，随后站起来走到他身边，将字条递给他。

“我给你一颗心，你能不能让我甜甜地幸福一辈子？”

他真诚地看着我，一脸坚定地说：“必须的！”

我们四目相对，双方眼里的真情再明显不过，同学们感觉到了异样，顿时怪吼怪叫地起哄，我们都不好意思起来。

爱情这个东西真的好奇怪，说简单就简单，说复杂也很复杂，越是深爱，越是容易手忙脚乱，很多事情都看不清楚。等到一切都被破坏得面目全非的时候，只能一边收拾破碎的心，一边费尽力气故作欢喜。

所以，在爱情还美好的时候，一定要珍惜。

来生再说我爱你

这样的交流方式，
好像他只是出了一趟门，
而不是几十年的分离，
一切还和从前一样。

1934年的日本横滨，街头有一棵枝叶繁茂的八重樱，樱花星星点点地缀在枝头，煞是好看。

在横滨的一所教会中学里有一个男孩儿，在教会里的名字叫大卫，还有个女孩儿叫玛丽。出了学校，男孩儿的日本名字叫渡边佑兵，女孩儿叫小林结衣。男孩儿对女孩儿说：“你可以叫我徐佑兵，这是我父亲给我取的名字。”

结衣望着佑兵，长长的睫毛微微垂下，盖住了琉璃色的眸子，弯着腰郑重其事地回答道：“是！”

每天放学，佑兵和结衣一起回家。两人总是一前一后地走在青石板路上，佑兵走在前面，结衣静静地跟在后面。

佑兵清瘦高挑，走起路来大摇大摆的，一副放荡不羁的模样。结衣在他身后却是一副日本小女人的样子，虽然穿着校服却依旧微微弯着腰，做出穿和服的姿态，踮着脚，踩着小碎步跟在他身后。

在过小木桥的时候，佑兵会停下步子等结衣，然后轻轻地牵着她的手，扶着她过桥。等到了桥下，两个人再次恢复一前一后的模式，谁也没有开口说话，但是没有人觉得不自在，反而觉得寂静安然，好似时光在彼此之间缓缓地淌过。

等到了岔路口，佑兵要向左拐，拐进一条小小的巷子，走上几十步就到家了。那时，他会站在路口的八重樱下等一会儿结衣，和她说一句：“再见”，随后拐进巷子回家。

路口的八重樱开了，满树绯红的樱花好似帷幕一般铺在天空，枝丫层层叠叠，茂密繁盛，风一吹，花瓣就洋洋洒洒地从树上飘落下来。结衣站在树下望着佑兵的背影，隔着花瓣，他的背影好似定格成一幅画。

等佑兵进了家门，结衣才转过身继续往前走，走上几分钟就是她家的米店，女佣会上前接过她的书包，然后朝着家里喊：“结衣小姐回来啦！”显然，她在家里是个受到宠爱的孩子，也有一个温馨和睦的家。

然而，佑兵回到家时只有他母亲迎接他。佑兵的父亲徐忠国没有在他身边，他平日里和母亲一起生活。

徐忠国是个中国商人，他经常在日本和中国两地经商，后来赚了点儿小钱，就在日本横滨开了一间杂货店，专门卖中国的行货，因为他很有经商头脑，所以店里生意一向兴隆。再后来，徐忠国遇见了佑兵的母亲——年仅十六岁的南田洋子，他将她买下来作为妾室。

南田洋子性情温和，浑身上下都散发着日本女性独有的温婉柔和，所以徐忠国和她虽然谈不上相爱，倒也算是相处和睦，南田洋子将他服侍得周全，他的日子也过得十分惬意。

后来，南田洋子怀上了佑兵，徐忠国原本打算在日本住四个月的计划变成了住六个月，这样他就能好生看看自己的儿子。虽然是日本女人生下的，可是身上到底还是流着他徐家的血，他心中多少都是记挂的。

徐忠国在日本的时候，南田洋子就璎珞红妆，殷勤周全地服侍他；徐忠国不在日本的时候，南田洋子就素面朝天，和佑兵相依为命。

在佑兵四岁的时候，徐忠国接连接到中国老家的信，催促他快些回去。徐忠国临走的时候没有告诉南田洋子他为什么急着离开，更没有告诉她什么时候会回来。就这样，徐忠国一去不复返，从此再也没有回过日本。

徐忠国在日本的产业都由管家代理，好在每个月管家都会给南田洋子一笔小钱，勉强够她糊口。时不时地，母子俩还会收到徐忠国从中国寄来的信，信中没有浓情蜜意的关怀，没有昔日的回忆和不舍，只是叮嘱南田洋子要照顾好佑兵。

到了佑兵上学的年纪，管家给了南田洋子一个红包，说是徐先生让他代为转交的。南田洋子打开红包一看，里面有一沓厚厚的钱，纸上写着："佑兵的学费。"

就这样，佑兵去了教会上学。时间如水，转瞬即逝。眨眼间佑兵就十七岁了，就学业上而言，他是个十分优秀的学生，但是平日里喜欢打架，在学校里也是小有名气的。因为佑兵是中国人，日本的孩子喜欢欺负他，再加上他父亲没有在他身边，那些小孩子也就变本加厉地欺负他。

好在佑兵虽然精瘦，却十分扛打，有时候也会发了疯似的还击，将那些欺辱他的小孩子打得鼻青脸肿。他这种不要命的打法让那些欺负他的孩子怕了，渐渐地他就开始独来独往，没有谁敢招惹他。

有一天结衣出现在佑兵面前，仰着脸怯弱地问道："大卫，放学的时候我们一起回家好吗？以前和我搭伴的朋友现在搬家了，我一个人走有些害怕。"

见佑兵只是看着她并没有说话，结衣连忙补充道："我和你家是顺路的……"

佑兵觉得有娇弱的日本女孩子因为害怕而主动要和自己结伴回家是一件很有面子的事情，他很快就答应下来："好！不过你可以叫我佑兵，这是我父亲给我取的名字。"

其实，根本就没有什么结伴回家的朋友，结衣向来都是由女佣接回家的。那时，她是情窦初开的少女，然而佑兵还是个未谙世事的愣头青。

每天早上，佑兵一出门就会看见结衣站在樱花树下等他。结衣见到他推门出来，连忙弯腰向他颔首，眉眼都带着浅笑，温润得好似暖玉。

佑兵也会微微鞠躬回礼，随后从她身边经过，等他走了几步，结衣才会跟在他身后，保持着不远不近的距离，这好像已经成了一种习惯。

下雨的时候，佑兵能听见结衣木屐踩在青石板上的声音，噼噼啪啪地响个不停，好似不知名的乐器弹奏出来的曲子，婉转动听。有时候雨大了，结衣会偷偷地拉近他们的距离，踮起脚将伞往他头顶上凑，想要帮他挡点儿雨，佑兵却故意走得快一点儿，听着身后结衣更加急促的脚步声。他喜欢看她羞赧怯弱的模样，也喜欢她眼里只有自己的模样。

有一年圣诞节，学校里组织晚宴，允许同学们不穿校服，但是必须是正式的服饰。那天清晨，佑兵一开门就看见了站在樱花树下的结衣，顿时愣在了原地，双眼直愣愣地望着她。她美得直逼人眼。

结衣穿了一袭白色的和服，裙摆上绣着浅粉色的樱花，她身姿苗条，面容姣好，一头乌黑的发丝上方正巧垂下一簇樱花，交相辉映下美不胜收。佑兵看得直了眼。

“佑兵。”不远处的结衣微微一颔首，弯着腰向佑兵示意，他回过神来，心中一片慌乱。

原来，一直跟在自己身后的结衣是这般美丽，是多少男孩子目光追随的人儿。不知道为什么，他想逃，想要躲得远远的。

1936年，有大批大批的华人蜂拥回国，好似潮水一般涌上码头。

这时，徐忠国也写来了信件，要求管家将佑兵安全地带回中国。管家抓着佑兵的手，不管不顾地将他扯向码头。在人山人海中，佑兵觉得自己是那般渺小，就好似大海里的一滴水，没有任何反抗的能力。

徐忠国没有让管家将佑兵的母亲也带到中国，她悲痛欲绝，跪在地上想要抓住儿子的手，最后却是两手空空。

到了码头，佑兵望着拥挤的人群，心中一片茫然，好似心口被人狠狠地剜去一块肉，空荡荡的，让他发慌。就在船快要开的时候，结衣赤着脚跑到了码头，不知道什么时候脚上的木屐不见了。

因为佑兵走得匆忙，他来不及跟任何人道别，甚至来不及好好看一看自幼长大的地方。也不知道结衣是怎么知道他要走的消息，反正她急急忙忙地赶到码头，费了一个上午的时间才找到佑兵乘坐的轮船。

那时，结衣已经筋疲力尽，她泪眼婆娑地望着佑兵，扑通一声跪倒在他面前，什么话都说不出，只是喃喃着道："可是，徐君，我喜欢你啊……我真的喜欢你啊！"

那一瞬间，佑兵脑中一片空白，脑海里此起彼伏的都是"我喜欢你啊，我真的喜欢你啊！"这句话不断地回响，在他脑海里循环，好似他这一生都逃不出这个魔咒。

她喜欢他啊!

很多年之后佑兵才明白结衣对他爱得有多深，让一个日本女子说出“喜欢”这样的话是需要何等的勇气。她那样绝望地坚持自己的爱，不敢奢望男方对自己先表白，在最后一刻不顾一切地表白，说出了自己内心深处的爱意。

她说:“徐君，我喜欢你啊……我真的喜欢你啊！”

她喜欢他啊!

他又何尝不是?

在佑兵的记忆中，日本就是两个女人的模样，一个是自己的母亲，在自己离开的时候哭得声嘶力竭、蓬头垢面；一个是结衣，在樱花树下美艳无双，然后在他离去的那一天，在码头上哭得泪流满面，跪倒在绵绵细雨中，巴望着渐渐远去的船，满眼的不舍和绝望……

佑兵和结衣这一分别就是四十九载，他回到中国后流离失所，然后入学读书，毕业工作，娶妻生子，经历大跃进，当“右派”，被平反，添孙，丧妻。虽然大半辈子都过得磕磕绊绊的，但是真的要抱怨，他又觉得没有什么值得抱怨的。

再后来，中日恢复邦交正常化，佑兵通过红十字会知道了他母亲的下落——她先是当看护，后来死于疾病，简简单单地走完了一生，没有发生什么惊天地泣鬼神的事情。在午后的小憩中，他的脑海里时常响起一个声音，期期艾艾地诉说着什么，可是仔细一想，他又觉得脑中空白，什么都记不起来……

他想，大概是自己老了，开始胡思乱想了。

几年之后，有人通知他去交接从前在日本的产业，他回了一趟日本，拜会了中学时代的老同学，两人一起喝了点儿小酒。酒过三巡，老同学拿出一张名片，上面印着一个美艳的日本女子，是结衣。

那时候的结衣，真的很美。

佑兵恍然大悟，难怪他脑海里总是会萦绕一个期期艾艾的声音，在不停地诉说着什么，那是结衣，她在向他低诉她的爱意："徐君，我喜欢你啊……我真的喜欢你啊！"他还记得他离开日本时结衣扑倒在码头的模样，头发被雨水打湿，绝望的双眸里满是泪水……

他拨通了结衣家的电话号码，凭着一股原始的冲动——不甘心的冲动。这种冲动已经几十年都不曾出现过了，时间流逝，岁月冲刷，许多东西都被带走了，但是留下来的一定是最纯洁的执念——因为遗憾而始终不曾放下的执念。

在通话中，他们没有尖叫，没有痛哭，甚至没有叹息和感慨，只是平平淡淡地交谈，好似多年不见的老朋友在通话一般，他说："我回来了，明天我们一起喝茶，可以吗？"这样的交流方式，好像他只是出了一趟门，而不是几十年的分离，一切还和从前一样。

她说："好的，但是喝茶还是不必了，我真的不想毁了我在你心中的形象。"她不想让他看见自己容颜枯老成为老妇人的模样，她继续说，"明天，你在樱花树下等我吧，我会从你身边经过，但是，请你不要认出我……"

"好的。"他答应了。

此时他们都已经是耄耋老人了，在电话里平静地约定："如果有来生，我们再相见、相认、相爱吧，来生……"

这个时候正是樱花凋谢的季节，佑兵穿着黑色的结婚礼服在巷口的八重樱下站着，手里捧着四十九朵玫瑰花，因为他们已经分离了四十九年。佑兵站在树下，从前茂盛的樱花树已经老了，低垂的枝丫几乎要触到地面，凋零的花瓣铺在路上，在雨水中莫名就染上一层哀伤。

佑兵的双眸已经变得湿润起来，他用力地眨巴眨巴眼睛，想要将眸子里的泪水逼回去。他向从自己身边经过的老妇人赠送鲜花，同时微笑地向她们说："谢谢。"

他想，四十九朵花，总有一朵送到了她的手中吧，总有一朵是属于她的吧，不论她现在是瘦削还是发福，不论她现在是儿孙绕膝还是踽踽独行，不论她是泪眼婆娑还是满脸笑容，她一定会从他身边经过的。

佑兵遵守了他们的约定，没有去辨认，而是认真地赠送着鲜花，有些人会狐疑地看着他，但见他笑盈盈的，还是收下了，有人坦然接受，并且礼貌地道了谢……

佑兵知道，她一定早就认出他了，然后从他身边经过，取走了迟到了半个世纪的玫瑰花，取走了不曾说出口的爱意，指不定现在在哪个角落里偷偷望着他。

凭着这枝玫瑰，他们来生一定会相认的，一定！

一个改变我一生的男人

我希望能成为你过去的一部分，
但是绝不愿牵绊你的未来，
若你幸福，我便足矣。

我的一生也许从一开始就注定了是不幸和幸运交织的。在那个封建年代，女婴总有千百个被抛弃的理由，但幸运的是我遇到了他——展默，一个改变我一生的男人。

在拥挤且充斥着汗臭味的火车车厢里，正踏上回乡路程的展默在层层人群包围中看到了我，并捡回了我。按他的话来说，当时还是婴儿的我，在面对无数陌生面孔时，不哭不闹，反倒好奇地看着每一个人，而且最后以一个称得上俏丽若三春之桃、清素若九秋之菊的笑容成功攻陷了他的心房。

就此，无根的我，有了一个家，一个好听的名字——陶若，和一个视我为宝的叔叔。

其实展默之所以会收养我，我想也许是因为他太孤独了，而我的出现，就像两个孤独的人有了彼此的依靠。展默也是一个悲苦的人，在当年那个动荡的年代，富有学识的父母并不能为他带来安宁的生活，随着父母双双离世，与女友劳燕分飞，展默也踏上了“流放”的路途，直到三十五岁那年遇到我，他才结束了一个人的生活。

展默确实是宠我的，也因此我的生活一直都算得上是快乐的，即使过程中有过不愉快的插曲，也都被他尽力化解，就像小时候那样，每个班上总有调皮的男孩子喜欢在背后欺负女生，而我的身世就成了我的弱点，当我哭着被一群小男生围着骂是“野种”“没爹没娘”的时候，展默就像超人一样出现，高大的展默冷着脸质问那个带头的小男生：“谁给你胆子说若若是野种的！她是我的，就算她没有父母，她的生活也是你们比不上的！当她吃着进口零食，穿着流行的鞋子和衣服时，你们不看看你们都有什么！”展默的话，让几个男生红着脸，一声都不敢吭。看着展默为我和几个毛头小子较真的画面，我破涕为笑，而这件事在之后的日子里也一直成为我嬉闹展默的点，我想展默就是我生命里的光亮吧！

展默是一个普通的工程师，我们的家并不算大，但我觉得很温馨。其中我最喜欢书房，那是我无数白日梦生长的地方，因为书房有一面大大的落地窗，所以总是有暖暖的阳光洒在地板上。那时候，因为我总喜欢躺在地板上，所以展默就在地板上铺上了厚厚的毛绒绒的地毯。我总是翻着书在地毯上做梦，这时，展默总是专注地在一旁的书桌上画图，时不时地侧头看我一眼，那眼神是如此地温暖，因此我常常想，那些曾想进入展默生活的女人，也许也是被这样的眼神俘获的吧。

我记忆中就有这样一个女人，那时我才九岁，对于她的出现的意义还是懵懵懂懂的。但我明确地知道我不喜欢她，我不喜欢她虚假的笑容，不喜欢她的精明。其实我是怕她，但是那时的我无法向展默清楚地表达我的心意。直到有一次，那个女人对我说：“你为什么跟着展默啊，你不觉得自己是个拖油瓶吗？”她的话让展默听到了，他一把抱起我离开了。我靠在展默肩头，看着那个女人惊诧的脸，并不知道这是最后一次见她。

在之后的几年里，一直有女人陆陆续续地出现，但她们和展默的关系都无疾而终，直到有一次我不经意间听到展默的好友姚兵提到了一个名字——叶青，我才知道，原来有一个女人一直在展默的心里。

我和展默的生活自我上小学、初中、高中毕业一直过得平平淡淡，直到后来我考上大学并住校，回去的次数慢慢减少，只有周末才能回家。但其实我是不愿住校的，我对展默是依赖的，加上我不太爱和别人说话，所以朋友一直不多，就算是对那几个在我身边打转的男生，我也一直是冷淡的。也许是看惯了展默的沉稳，对于急于展现自己的年轻小伙子，我反倒生出了几分排斥和不屑，因此在展默打趣我是不是找了男朋友的时候，我总是沉默不语。

那个时候的我，十分享受和展默的两人时光，喜欢和他一起逛商场、遛马路，这样的时刻总让我感到安心。展默也是一直秉持着女孩儿要富养的原则，所以每次在商场看到好的东西总会买来给我，在我十八岁的时候，他就曾送给我一枚宝石戒指，庆祝我成人。

但是流言也在这个时候兴起，开始有人说我有个比我大好多岁的男友，所以总是看不上那些追自己的男生，但当流言传到我耳里时，我没有一丝丝的不开心，反倒有那么几分害羞和激动，我想也许有些事情早就在不知不觉中改变了。

而我那段暗暗憧憬的生活却因一个女人的出现被打断，那时候的展默突然每天都意气风发，工作时还会不时哼些小歌，竟有些回到他年轻时候的样子。一天晚上，展默带我出去吃饭，说带我去见一个多年的好朋友，让我叫她叶姨。我知道她就是叶青，那个一直被我记在心里的名字。

原来，叶青的丈夫在几年前去世了，他们是一次偶然才联系上的，并且在这一段时间的接触下，彼此有了结婚的打算，而这次也算是正式介绍我和她认识。看着展默依旧温暖的脸庞，不知为何，我的心却不断下沉。

我承认叶青是一个不错的女人，温柔，带着几分年轻时的风韵，对我也是亲切周到的，但我知道我还是不愿意她和展默在一起的，尽管在展默问我意见时，我说“随意”，假装不在意。

但心是最诚实的，接下来的日子，我昼夜难眠，并且开始发烧直到晕倒。后来醒来，看到展默紧张的神情，我知道自己得了急性肺炎。我的病让展默深深地感到自责，他责怪自己疏忽了对我的照顾，所以之后的一段时间他除了上班，就一直在医院陪我，为了照顾我，还推掉了和叶青的约会。每一次我昏昏沉沉地醒来，看到床边的展默，我都在想，要是能一直和他两个人待着多好，即使生病，我也甘愿。

出院回到家，展默晚上也不敢回他房间睡觉，在我房间外打了地铺，方便晚上照顾我。有时候我看着他，就会想起小时候和他一起睡时，他也是这样，我一起来上厕所，他就会说："若若，小心啊。"想想那个时候，心里总是暖暖的。

其间叶青也来探望过我，但是我见到她并不开心，她的出现总让我感到不安，不管我多么努力掩饰，梦境总是出卖我。当我梦到叶青和展默以新娘、新郎造型出现时，我竟心痛得在梦中流泪不止，直到展默把我叫醒，我埋在展默怀里哭到无法停止。也许是我的病，也许是我的眼泪吓到了展默，之后，展默就不让我住校了，而叶青再也没有出现在我的生活里，就如同过去曾出现过的女人一样，无影无踪。

之后我顺利地毕业、工作，和展默过着无忧无虑的日子，但是命运从来不肯如此轻易地放过我，也许我的幸福招致了上天的嫉妒，它要把我最珍贵的从我身边夺走。展默被诊断出胃癌晚期，只剩下一年的时间。

为了照顾展默，我推掉了所有额外的事情，挤出所有能挤出的时间陪他，而展默一直都很平静，我也保持着平静。我们每天一起做饭，一起看书，晚上一起出门散步，即使他越来越消瘦，我们都对生病只字未提。有时候在路上散步，走着走着，仿佛也有种岁月静好的意味。但我心里清楚地明白，展默在一天天离我远去。于是我把握和他在一起的每一分钟，我们可以在饭后喝着茶，背靠着背，看一下午的书，彼此一句话都不说，却无比地幸福。后来一次在帮他整理资料时，我看到了他的日记本，那是我在他生病后第一次流下眼泪。

厚厚的日记本里，每一页都有满满的回忆。

若若越来越可爱了，还很淘气，每天黏着我。

今天是若若第一天上学，她一直哭着不肯离开我。

若若一天天长大了，现在都是个漂亮的少女了，突然发现自己老了，不知道还能陪她多久……

若若这几天生病了，昨天晚上她在梦里一直哭，我没想到我要和叶青结婚的事情会对她造成这样的影响，我好心痛。

今天医生告诉我只有一年的生命了，我突然好害怕，害怕没有了我，若若该怎么办?

……

看着这一字一句，我才明白原来他一直都懂我。

即使我千万次地祈祷上苍能对我仁慈点儿，但它还是带走了展默。在第二年的春天，我推着他去看海，在临走前他握着我的手说："本来想把你亲手交到一个好男孩儿的手里的，看看你穿婚纱的样子，看着你戴上戒指，没想到来不及了。"

在他走后，我在他书桌上看到他留给我的信，很简短，但足以慰藉：

> 若若，我走了，我允许你想我，但我不是全部，可惜，我生君未生，君生我已老，我希望能成为你过去的一部分，但是绝不愿牵绊你的未来，若你幸福，我便足矣。
>
> 叔叔

展默就是如此温暖的一个人，不愿牵绊我，所以总是默默地关怀。

后来，我又一次去了海边，穿着婚纱。我想让他看看我穿婚纱的样子，如他所愿，微笑着。

闭上眼，我想，他可能忘了，戒指他早就给我了。

穿越人海拥抱你

就算那时候我们身上只有一百块钱，
我却觉得自己是世界上最富有的人，
对我来说，没有什么会比他的爱更让我满足。

那段时间，我们口袋里加起来只有一百块，但是这并不影响我们的幸福。

不久前，我决定漂洋过海去他的城市找他，结束我们相隔两千公里的距离，不再做一对异地恋的凄苦恋人。我乘着火车，冒着大雨到了他的城市。他站在站台等我，紧紧地将我拥在怀里。

当我缩在他怀里的那一瞬间，我觉得自己拥抱了全世界，内心是那样满足。

当时他一个朋友要打官司，他把仅有的积蓄都借了出去，身上的钱所剩无几。

他从公司宿舍里搬出来，我们在郊区租了一间小套房，买了生活必需品，再数数钱包里的钱，加起来一共只有一百块。我筹划着分类，三十块给他做车费，三十块做我们俩的午餐，三十块做我们的晚餐，还有十块钱备用。

他忽然扑过来，将我抱在怀里，用鼻尖不停地蹭我的发丝，像小猫似的嘟哝着："老婆，老婆……"他叫我老婆，我说不出心里什么感受，也没有说话，任由他抱着我。

"我就想这样和你一直一直在一起。"他小声说。

我抿嘴笑，回应他："我也是，我也想这样和你在一起。"

就算那时候我们身上只有一百块钱，我却觉得自己是世界上最富有的人，对我来说，没有什么会比他的爱更让我满足。

我想，我们会永远在一起的。

第二天早上醒来，我睁开眼睛，映入眼眸的就是他的睡颜，我轻手轻脚地起床帮他买早餐，然后叫醒他，一起洗脸刷牙，这些在平时再普通不过的事情，都被我们腻出了蜜月旅行的味道。

吃完早饭我送他上班，看着他挤上拥挤的公交车，他冲我挥手，我用嘴型对他说："路上小心。"他点点头，脸上溢满幸福。直到公交车消失在我的视线里，我才扭身回家，开始做家务，扫地、晒被子、洗衣服……

一阵风吹过来，阳台上的风铃发出清脆悦耳的声音，叮叮当当……我的心中好像也被吹进了一缕清风，顿时神清气爽。

中午的时候，他打电话问我：“亲爱的，饭吃了没？”

“吃了，你呢？”那时我正躺在床上，拿着他的照片看，哪怕只分开一上午，我依旧体会到了思念的感觉。

“正在吃呢……”我们聊了一个中午，还好有家庭套餐，不然还真心疼电话费呢。

事实上，我没有吃午饭，我如果吃午饭，这一百块还真撑不了半个月，我要精打细算靠这笔钱坚持到月底，等他发工资就好了。

晚上他回家的时候递给了我一千块钱，是跟朋友借的。我有点儿生气，一本正经地对他说：“我不是一个怕吃苦的人，我离开了父母，离开了朋友，离开了我熟悉的岗位，离开了我可爱的同事……漂洋过海来找你，不是单纯为了生活，而是过来和你相爱的，要跟你一起同甘共苦……”如果只是生活，在哪里不行？

我在借钱这一点上相当执着，借了一次就有第二次，然后就会周而复始，这不是我想要的。我陪着他去朋友家把钱还了。那天晚上我们手牵手走在马路牙子上，随意地聊着天，时不时望着天看星星。

夜幕像是一块无边无垠的丝绸，星星零散地铺在绸布上，闪闪发亮。夜风掠过我的双肩，掀起我的长发，他死死地捏住我的手笑着对我说：“能这样和你轧马路，真的是世界上最幸福的事情！”

“是呀，我们要像星星一样长久，永远地挂在天上，永远那么明亮……”我们都陶醉在那样美妙的夜色里，心中有说不出的感动。

因为我自己为了省钱不吃午饭，我担心他和我一样为了省钱不吃早餐，所以我会每天亲自给他买回来。晚上我做了一个梦，梦里是那样美妙，婚礼上我穿着婚纱，接受人们的祝福……等我睁开眼睛时才发现已经日上三竿，翻了个筋斗从床上跳下来，拖鞋都还没穿好就开始往外跑，他一把拽住我，关心地责备说：“你这是干吗呀，慌里慌张的，小心摔跤！”

“不小心睡过头了，我得去给你买早饭啊！”我急得快哭出来了，他定定地望了我两眼，随后用力将我拉进怀里，不管不顾地吻上我的双唇，直到我喘不过气将他推开……

那天晚上我买了老婆饼，老婆饼，这名字真让人着迷。

那时候我学会在一帮中年女人中间买菜，学会砍价，学会买打折的商品，学会了很多从前都没有注意的事情。

就像今天晚上我做的菜应该还不到一块钱，放了几个香菇，打了一个鸡蛋，放点儿盐和味精，洒上点儿香葱，一碗鸡蛋香菇汤就做好了，味道甘美无比。

他喜欢吃包白菜，我就学会了做各种各样的包白菜，什么酱爆包白菜啊、清炒包白菜啊……他总是笑着对我说：“平时看你是个文艺女青年，还不知道你的厨艺这么好……”我没有告诉他，在这之前，我是个十指不沾阳春水的女孩儿，平时什么都是妈妈做的。

我的拿手绝活还是蛋炒饭，晚上蒸饭的时候剩下一点儿，第二天早上起来做早饭。我趁着他还在睡觉的时候就起床，在厨房里忙活起来，把米饭打散备用，打几个鸡蛋在碗里，打散后放上盐和味精。在锅里倒上油，油热之后将鸡蛋倒进去，再翻炒两下后倒进米饭，再翻炒几下就好了，盛在一个大碗里，端到客厅里两个人一起享用。

那时候他一定会被香味勾醒，抱着我满脸幸福地说："我何德何能啊，能娶到你这么好的老婆！"

我会娇嗔地说："谁说的，你还没把我娶到手呢！"

"那还不是迟早的事情……"

我们就这样你一言我一语地拌嘴，你喂我一口蛋炒饭，我喂你一口蛋炒饭。那样悠闲惬意的日子，别提有多幸福了！

在最穷的时候我从不出门，一出门就得花钱，我舍不得花钱。家里没有电视，但是我不觉得无聊，我有很多事情要做，要晒被子、洗衣服、收拾碗筷……我喜欢被子有阳光的味道，我们拥抱着窝进去时轻轻一嗅，带着棉花的清香，像是爱情的味道。

他抱着我说："比起棉花的清香，我更喜欢你的味道！"

"我是什么味道？"我调皮地问。

"老婆的味道。"他幸福地蹭了蹭我的发丝。

我甜甜地笑着。

那半个月，我们花了八十九块钱。他坐公交车三十，早餐三十，中餐，我没吃。晚餐，二十九。

他发工资后带我去逛街，说我喜欢什么，他全都给我买，他心里愧疚这半个月让我受苦了。

其实我不觉得苦，相反，这是从未有过的幸福。

等我们逛到一个小商品市场时，我看见小姑娘拿着箱子在卖饰品，我指了指一枚戒指，说：“我想要那个。”

他毫不犹豫地说：“买！多少钱？”

“十块。”小姑娘道。

他将那枚十块钱的金属戒指戴到我无名指上，我却觉得无比沉重和珍贵，比钻石戒指还要让我满足。

天堂里有没有车来车往

她总是这样，安静得有些过分，
好像活在自己的世界里，
一句话要问上三四遍才能得到她的回应。

那是令人难忘的一幕，至今我都记忆犹新。

四年前的傍晚，天边被霞光染得通红，我牵着妹妹的手去买小吃，看见路边一家人在用餐，一对年轻夫妻带着一个三岁模样的小女孩儿。小女孩儿十分可爱，大而水灵的眼睛嵌在白皙的脸颊上，有些怯弱地望着我，顿时让我心生怜惜。

“看什么看！快吃饭！”忽然，她妈妈大声吼一句，小女孩儿赶忙收回视线，将脸埋在碗里大口扒起饭来，一副受到惊吓的模样。

我一皱眉，心想，怎么会有这么凶的母亲。

等到我买好小吃准备回家时，他们也吃好了起身离开。路上车来车往，竟然没有人牵着小女孩儿过马路。忽然，一辆摩托车呼啸而过，小女孩儿差点儿就被撞伤。

我的心怦怦直跳，不由自主地抓紧了妹妹的手。

谁知，小女孩儿的爸爸却凶神恶煞地吼："你个死丫头，赶紧过来！"

小女孩儿转过身，额头上有一道擦伤，不住地往下流血。她应该很疼，耷拉着小脸想哭，大概是看到父母阴沉的脸，连哭都不敢了！

"哥哥，她爸妈怎么这样啊！"妹妹忍不住说了一句。

我心中也很难受，但是没办法插手别人的事情，只能牵着妹妹走开。

四年后，我再次见到那个小女孩儿。其实，那时候我都快要把她忘了，毕竟只有一面之缘。她水灵灵的大眼睛依旧很讨人喜欢，背着小书包站在十字路口，手里还拿着一盒牛奶。

我见她望着呼啸而过的车辆发呆，完全没有要过马路的准备，连忙走过去问她："小妹妹，你是不是害怕过马路呀？"

她依旧望着马路，没有搭理我。我只当她害怕，蹲下去和她面对面，一眼就看到她额头上有一道清晰可见的伤疤，我尽量让自己笑得不像坏人，说："小妹妹，哥哥牵着你的手过马路好不好？"

这时，她才稍微转动眼珠子望着我，犹豫一下才点头。

从那之后，我基本上每天都能在路口碰见她，每次都是她一个人，从没有见谁送过她。这么小的孩子独自去学校，路上被车撞了怎么办？

我在心中埋怨，她父母心怎么那么大，难道不会担心？我顿时想起她凶巴巴的父母，不送她也就不难理解了。

“小妹妹，以后我们每天都在路口碰面，我送你上学好不好？”我轻声说。

不知道为什么，她没有搭理我。她总是这样，安静得有些过分，好像活在自己的世界里，一句话要问上三四遍才能得到她的回应。

“小妹妹？”我轻轻晃了晃放在我掌心的小手，她这才抬起头看着我，那懵懂的模样好似刚刚一直在出神，我只好又说，“以后，我送你去学校好不好？”

“嗯。”她点了点头，难得一笑，浅浅的一圈涟漪在嘴角泛开。

就这样，大半个月过去了，除了节假日，我们都如约在路口相遇。

有一天，路口没有她的身影，我等了半个小时她也没来，我只好先走了。我想，她可能生病了，所以没有去上课。

一连过了三四天，她都没有出现在路口。如果是生病，这也是大病啊！我有些担心，可是又不知道她家住哪里，只好去学校里问问。

我稍微描述了一下，很快就找到了她的班主任。

见到我，班主任吃惊地问：“请问你是？”

“啊！”我有些尴尬，想了想才说，“我是她的哥哥。”

“哥哥？”班主任狐疑地看着我，上下打量我一番，小声地嘀咕，“我没听说她有哥哥啊！”

我只好继续解释：“没有血缘关系的，只是……”我有些语塞，不知该怎么形容我和她的关系。

“我知道了！牵她过马路的哥哥。”班主任一副恍然大悟的表情。

我也很诧异班主任怎么会知道我的存在。

随后，班主任拿出一幅画递给我。我打开一看，画上有个大哥哥牵着小女孩儿过马路。我笑着说：“这小丫头，画得还挺好。我好些天没见到她，她是不是生病了？”

“她走了。”班主任语气忽然沉了下去。

“走了？转学了？”我条件反射似的问。

“不是，她去世了。”班主任摇了摇头，眼里已经开始泛出泪花，“她从小就是受虐儿童，她爸妈最后一次打她时，下手太重，她就去了……”

我简直不敢相信自己的耳朵，身体不受控制地晃了晃，隔着泪眼看手中的那幅画，画也忽然变得悲伤起来。

这时，我才看出小女孩儿耳朵上戴着助听器，画面的角落里有一个纸箱子，箱子里蹲着几只小猫。

“她有一只耳朵失聪了，被她妈妈打的……”班主任小声说，“走，我带你去看看她收养的流浪猫吧！”

难怪，每次我说话她好像都听不见似的……原来不是她在走神，而是真的听不见！

班主任将我带到一个空教室，有几只小猫可怜巴巴地在纸盒子里喵喵喵叫唤。

“她在的时候，这几只小猫可乖巧了，现在她不在，没人给它们喂牛奶了。”班主任感慨一句，无限惋惜。

她抱起一只小猫递到我手里，说：“这只是她最喜欢的。”

我摸了摸小猫咪的脑袋，瞄见它缺了一只耳朵，心中有些难受，问：“我可以把这些猫带走吗？”

“这样再好不过了。”说着，老师就将猫递给我，“说实话，最开始我还来喂牛奶，可是有时候实在是顾不过来，今天来看，小猫都饿得蔫儿了……”

我抚摩着怀里受惊的小猫，目光落在它缺了一只的耳朵上，说不出心中是什么滋味。

我将那几只小猫带回家后悉心照料，渐渐地，它们都长得肉嘟嘟的，成了家里的捣蛋鬼，也给家里带来了欢声笑语。

我时常望着那只缺了一只耳朵的小猫出神，也时常想起小女孩儿。

也许当时忙着微笑和哭泣
以为能理所当然地忘记
是谁风里雨里
一直默默守护在原地

不懂恋爱的一举一动
不懂朋友的多管闲事
不懂爸妈的啰啰唆唆

总有幸福在给你
傻瓜才不去争取
我也曾经是个傻瓜

第2章 我也曾经是个傻瓜

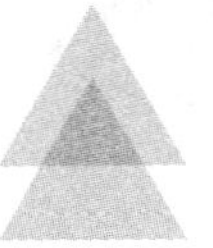

是什么让我们一无所有

这个世界上没有那么多的冰释前嫌，伤口就算愈合了也有伤疤。谁都不愿意低头，就生生把幸福错过了。

1

我和丈夫结婚两年后，二人世界也过得差不多了，丈夫提出将住在乡下的婆婆接来一起住。

我知道丈夫是婆婆含辛茹苦一手带大的，公公在丈夫年幼时便去世，一个女人将孩子拉扯大，供他念大学，其中的艰难可想而知。我感谢婆婆抚养出这样好的儿子，然后让他成了我的丈夫，所以不假思索地就答应下来，接着就收拾出一间向阳的屋子给婆婆住。

丈夫看着窗明几净的房间，笑着望向我，在我还没有反应过来时一把将我抱起，不停地在原地转圈，说：“你还是这么善解人意！能娶到你真好！”

听他这么说，我心中自然是开心的，手却不停地拍打他，说：“快放我下来，头都转晕了！”丈夫没听，等到我撒着娇求饶时，他才放过我，牵着我的手往外走，说：“走，去接咱妈。”

丈夫高大威猛，胸怀宽厚，我最喜欢他将我抱起不停地转圈，那时候我感觉自己像是被人溺爱着的小女孩儿，每个女人都渴望被人当孩子一样宠溺。

当我和丈夫意见不合而争执时，谁都不愿意先低头，这时候丈夫又会将我抱起不停地转，直到我求饶为止。这样的生活让我沉醉，觉得自己就是这个世界上最幸福的人。

2

将婆婆从乡下接过来后，很多事情就发生了翻天覆地的变化。

我喜欢将家里收拾得干干净净，在房间里插上一束鲜花，这样一整天的心情都会变好。婆婆却看不惯，忍不住嘀咕：“你们这些小娃娃从小没吃过苦，你以为钱是大风刮来的？这花能有什么作用？是能当饭吃还是冷的时候能当被子盖？”

我只好赔着笑解释：“妈，花不仅能装点屋子，还能让人的心情变好！”

婆婆瞥了我一眼，一副不屑的样子。丈夫也过来宽慰她：“妈，城里人都这样，比较注重生活细节，慢慢你也会习惯的。”

婆婆不再说话，可是心里的想法并没有变，她依旧看不惯我买花，每次都会追着问："这花多少钱？" 毕竟是长辈，我都是如数回答，然后她就会啧啧啧地咂嘴。

到了后来，只要看着我大包小包地从外面提东西回家，婆婆都会不依不饶地问清每一件东西的价格，随后就会指着这个说："这东西买来干吗？没有用！拿去退了吧！" 指着那个说，"洗碗布还要买？用不穿的衣服做一个就好了，退了退了！"

丈夫见我窘迫地立在一旁，回到房间后就一刮我的鼻子，说："你真是小笨蛋，老人家都是苦过来的，当然舍不得这舍不得那，你下回就说是别人送的或者说得便宜点儿不就好了？"

就这样，从前两个人幸福快乐的日子被打破了，婆婆总是忍不住对我们的生活指手画脚。她最看不惯的还是丈夫起床做早饭。可能农村都有一点儿重男轻女，觉得大男人怎么能起早给老婆做饭？简直岂有此理！

她也没有直接说出来，而是在饭桌上摆脸色给我看，天天都阴沉着脸。我的工作是在少年宫做舞蹈老师，一整天都跳来跳去，回到家时满身疲惫，早上就想多睡一会儿，享受一下丈夫对我的服侍，另外，他这样宠着我、爱着我，也让我觉得幸福。所以，我不想轻而易举就妥协，只能佯装看不见婆婆的不满，这时，婆婆就会将碗筷弄得叮当乱响，来发泄自己的不满，我依旧装聋作哑，视而不见。

有时候婆婆会帮忙做家务，当然，不是帮忙，是越帮越忙。她为了节俭会把塑料袋收集起来卖，把家里搞得跟回收站似的，成了塑料袋的天下。有时候，我会委婉地告诉她不要这样，她就会不停地数落我：“你这孩子没吃过苦，我儿子就是靠着我这样供起来的！”我知道丈夫是婆婆的骄傲，也知道婆婆是个勤俭的农村妇女，值得我尊敬，但是很多事情就是存在矛盾，没有对与错之分，只是不合拍而已。

没过多久，家庭矛盾大爆发。婆婆洗碗舍不得用洗洁精，我害怕说出来又会惹她不开心，只好晚上趁她睡下之后偷偷摸摸地冲洗一遍。谁知道一天晚上她忽然起夜，看见我在洗碗，立马就转身扭回自己房间，趴在床上放声大哭！

丈夫夹在我和婆婆中间，左右为难，因为这件事他心中有点儿不开心，一晚上没跟我说话。我只好低下头跟他撒娇，他翻过身来面朝着我就是劈头盖脸的一通数落：“我就是用没有洗洁精洗过的碗长大，不也好好的？”我重新洗碗并没有嫌弃婆婆的意思，只是单纯地觉得不卫生而已，当时也觉得委屈，红着眼睛生气地质问：“那你告诉我，我做错了什么？”丈夫见我的模样，语气也松下来：“你就不能迁就一下我妈？毕竟她年纪大了！”我点了点头，赌气地说：“好，我迁就，我都迁就！”

这件事后，婆婆有很长一段时间没搭理我，家里的氛围变得冷清而尴尬，从前明明是充满幸福和阳光的啊，现在却变成了这样。丈夫夹在两个人中间也很辛苦，我们之间也好像有了距离，从前的浓情蜜意消失得无影无踪。

婆婆心疼儿子，义无反顾地帮他分担了做早饭的重任，她笑着望着丈夫吃得开心的样子，随后就冷冷地扫我一眼，好像在责备我没有尽到妻子的责任，一顿饭下来我感觉自己成了千古罪人，我不想每天的第一顿饭就被人用目光凌迟，弄得我一整天的心情都很低落，所以选择了逃避，在上班的途中买点儿路边摊凑合。

晚上睡觉时，丈夫生气地质问我：“你为什么不在家里吃早饭？是不是嫌弃我妈做得不干净？”说完就翻过身去背对着我，我委屈地流下眼泪，丈夫事事都在责怪我，他难道看不见婆婆恨不得吃了我的眼神吗？最后，丈夫翻过身来抱着我，叹了口气，说：“你们两个都是我最爱的女人，就当是为了我，你委屈一下行不行？”

第二天早上，我只好回到餐桌上吃早饭。我喝了一碗婆婆熬的清粥，忽然胃里翻江倒海，我死死地捏住拳头想要将这种反胃的感觉压下去，我不想破坏难得美好的早晨，可是实在是压抑不住，拉开椅子就冲到洗手间，趴在洗面池上吐得稀里哗啦。等我吐完后就听见房间里乒乒乓乓的声音，婆婆在一边收拾东西一边哭。

我一扭头，丈夫恶狠狠地瞪了我一眼，那目光恨不得剜下我身上的皮肉。我张了张嘴，一句话都说不出来。我真的不是故意的。

那是有史以来，我们最激烈的一次争吵，就像发生了大地震一般，世界轰然坍塌。婆婆拎着一个蛇皮袋摔门而出，丈夫急急忙忙地追了出去，我望着他们的背影，无力地瘫坐在地上。

我的眼泪不停地从眼眶里砸下来，难过得无以复加。

我们三个分明是互相敬爱的，为什么会闹成今天这个地步？

3

丈夫整整三天没有回家，连电话都没有打一个。本来我就不是故意反胃的，他又这样冷落我，我的委屈又变成了气愤，婆婆来家里的这段时间，我已经够忍让了，还要我怎么样？

那几天我总觉得不舒服，吃什么都想吐，加上家里乱七八糟的事情，整个人都憔悴下来，同事关心地问我："你脸色很差，惨白惨白的，还是去医院看一下吧！"

我以为是因为家里的事情闹得不开心，本想算了的，可是那天晚上实在是难受就去了医院，一检查，给了我一个天大的惊喜，我怀孕了！我想，我和丈夫间的关系总算能够缓和了，我和婆婆也不会那么尴尬了。

我刚刚出医院就见丈夫站在那里，也就三天没见，他蓬头垢面，胡子拉碴的。我本来不想叫他，但见他那副样子很心疼，还是忍不住喊出他的名字。

丈夫循声望向我，平静的眸子里结出一层寒冰，在寒冰底下还有汹涌澎湃的厌恶。我惊得险些站不稳，什么时候他用这样的眼神看过我！

不待我开口他就扭过身去，我害怕再看到他那样的眼神，几乎要将我刺得体无完肤，连忙伸手拦了一辆出租车，落荒而逃。

那时候，我多想告诉他，我怀孕了，我们有孩子了。然后他冲过来抱着我不停地转圈，我撒娇地跟他求饶。我忽然觉得，这些已经离我太遥远了。我再也忍不住，眼泪簌簌地滚落下来。

回到家后，我用尽最后的力气地将自己砸到床上，脑海里不停地闪过他厌恶的眼神，只要一想都让我不停地打寒战，不就是一场争吵，一场误会吗，难道有这么大的杀伤力，将原本幸福的家庭击得支离破碎，还是我们的幸福本就建立在沙滩上，不堪一击？

我哭得眼睛都肿了，迷迷糊糊睡着之后，听见家里有翻抽屉的声音。我赤着脚从卧室出来，打开灯看见丈夫手里拿着钱和存折，脸上挂满了泪水。白天他冷冷的眼神真的伤到了我，所以我也只是冷冰冰地望着他，只字未语，他对我视而不见，连看都没看我一眼，拿着钱义无反顾地离开。

望着他的背影，我的心一片冰冷。我不得不感慨，他是一个聪明理智的男人，在打算彻底离开我的时候，能够将夫妻情分和金钱分得清清楚楚。听说男人本来就是绝情的生物，现在看来，也就像他这样了。

我不停地冷笑，我从来没有笑得那么难看过。我不想哭的，觉得为了这样的男人不值得，可是眼泪还是不听话，猝不及防地就砸在手指上，那里戴了一枚戒指。

我想我和丈夫的缘分差不多也就到这里了，想了一夜，第二天请了假，一大早就去丈夫公司，想和他坐下来心平气和地谈一谈。去了公司后，他的秘书诧异地看着我，说："经理的母亲出了车祸，现在正在医院抢救呢！"

我顿时僵滞在原地，等反应过来慌慌张张地打车去医院，找到丈夫时，他蹲在走廊上哭得声嘶力竭，婆婆已经永远地离开了我们！为什么会这样？为什么！我已经怀孕了，我想着有了孩子就能缓和家里的气氛，为什么美好的幻想却是这样不堪一击？

我手足无措地站在一旁，我试探着上前去安慰丈夫、拥抱丈夫，被他狠狠地推开，他对着我怒吼："滚！"

我得来的，只是这一个"滚"字而已。可是那时候，我连滚都不敢，我只能讨好地跟在他身后。一直到安葬好婆婆，他都没有跟我说一句话，望向我时眼里都带着深深的憎恨和厌恶。

关于这场车祸，我是从别人口中知道的，吵架那天，婆婆出门之后往车站走，过马路时急匆匆地，不想让丈夫追上，闷头就往对面跑，被冲过来的车子迎面撞上……

我们俩之间，终究还是横着一条人命，这个人还是他的母亲，我的婆婆。

如果不是我那天早上呕吐，婆婆也不会气冲冲地要回老家，那就不会有之后的车祸，所以他憎恨我、厌恶我，也是应该的吧。毕竟，在他心中我是间接害死他母亲的罪人。

之后我们就分房睡了，丈夫搬进婆婆的房里住，他每天都满身酒气地回家。看着他颓废堕落的样子，我既心疼又自责，每次我想过去跟他解释，告诉他那天早上我不是故意的，我只是怀孕了，我忍不住呕吐的感觉。可是，每次看到他憎恶的眼神，我都望而却步，所有涌到嘴边的话都被咽了回去。

我宁愿他打我、骂我、和我吵架，也不愿意像这样形同陌路。都说不是在沉默中爆发就是在沉默中死亡，我最后选择了在沉默中死亡。丈夫回来得越来越晚，有时候甚至不回来了，我一个人面对冰冷的四壁，渐渐地沉沦下去，甚至快要窒息。

4

有一次我去超市，回家的时候路过西餐厅，透过干净的落地窗，我看见了一抹熟悉的身影，丈夫和一个年轻漂亮的女孩子坐在一起，他时不时地对她笑，还亲昵地帮她擦去嘴角的酱汁。我心中一痛，这一切，再明白不过了。

身边人潮涌动，我只觉得自己好像去了一个真空的世界，我再也无法呼吸了。过了良久，我才提起灌铅似的双腿，艰难地走向他们，走向我幸福的句点。我就像是僵尸一样直挺挺地站在他们面前，一动不动地盯着丈夫，眼睛干涸得像是枯井，连眼泪都没有流出来应景。

我想，哀莫大于心死大概就是这样的吧。

我什么都没说，我不知道说什么。

女孩子望了望我，又望了望丈夫，随后起身想走，被丈夫一把按住，然后他不甘示弱地同我对视，眼里满满的都是恨意。他应该是觉得，面对一个仇人，为什么要手下留情？

我望着他，我输得一败涂地。我觉得自己的心跳越来越慢，呼吸越来越微弱，如果继续和他对峙下去，我想我会和肚子里的宝宝一起窒息而亡。

从那之后，他明目张胆地不再回家，柜子里的衣服也明显地动过，可能是准备长期住在外面吧。

最后一丝想要解释的欲望就那么磨灭了，我们的感情已经走到了尽头。我再也不会试图给他打电话，试图解释，渴望他回家，渴望他原谅。

反正，现在我们的夫妻情分名存实亡，我迟早都要一个人生活，我开始学会一个人去医院，一个人产检，一个人吃饭睡觉。有时候望着别人的丈夫小心翼翼地扶着妻子体检的模样，我还是会难过，会想哭，但是那时候，我的难过和想哭已经和丈夫无关了。

有人劝我把孩子打掉，我拒绝了，我不知道我为什么会有这样的想法，但是我就是发了疯地想要生下这个孩子，大概是想要补偿去世的婆婆，还有祭奠一下已死的爱情吧！

这天下班回家，满屋子充斥着烟雾，我捂着鼻子忍不住地咳嗽。我皱着眉头望过去，丈夫手里夹着烟坐在沙发上，茶几上放着一张纸，什么意思不言而喻。

在我独自生活的这几个月里，我已经学会了平静，身上也长出了铠甲去抵挡他冰冷的眼神，所以此时此刻，我的心潮没有一丝一毫的起伏，平静地说："你等一下，我过来签字。"丈夫眼神复杂地望着我。

我在玄关处脱掉大衣，换上拖鞋，在弯腰脱鞋的时候我不停地对自己说："不怕，不哭，这一天迟早会到来的，你已经做好了足够的心理准备……"

所以，我真的没哭。尽管我已经将指甲掐进了掌心，尽管我忍得很疼，但我好歹维护了自己的尊严。

丈夫的目光落在我微微隆起的腹部上，手中的烟掉在地上，不知道是因为惊吓还是惊喜，他连嘴唇都在哆嗦。我云淡风轻地笑了笑，走过去将离婚协议书挪到自己面前，毫不犹豫地签上了名字，然后推给他，说:“呐，签好了。”

他却一直望着我的肚子，哆嗦着问:“你……你怀孕了？”

我以为没有什么事情能让我心潮起伏了，谁知道他一开口跟我讲话，我的眼泪就像山洪暴发一样倾泻而出。我一面擦着眼泪一面压抑自己的情绪，装作毫不在意地说:“对的，不过这和你没什么关系了。”

丈夫望着我，随后痛苦地将脸埋在掌心，我看见眼泪从他的指缝中渗出来，他一只手抓着我，不停地说“对不起”，一遍一遍地像是潮水一般在我耳边起伏。可是事到如今，很多感情都已经变质了，我以为他回头我也能为了孩子原谅他，两个人重归于好。可是这个世界上没有那么多的冰释前嫌，伤口就算愈合了也有伤疤，从前的那些甜蜜，也不会因为误会解开了而回来。

到底，什么都变了，什么都不一样了。

我们都曾深深地伤害对方，狠狠地在对方心上划了几刀，不一样的是，我是无意的，他却是故意的。

他是故意报复我，伤害了我，他想看我痛苦。

我们的夫妻情分，在这种误会和折腾中消失殆尽，此时我看着他痛苦地扯着自己的头发，心里没有一点儿感觉，我的心已经冷了。

之后他回到家里睡，但是我不动他买的任何东西，不接受他的道歉，连看都不看他一眼，就像他从前待我一样。我不是为了报复他，我是真的心死了。

他也曾想要回卧室和我一起住，我拒绝不过就自己去客厅的沙发上睡，他不得已只好去婆婆的屋里。夜深人静时，我总是能听见他屋里传来痛苦的呻吟声，从前在我生气的时候，他就会装病来骗我，那时候关心则乱，我立马就妥协了。现在，还用这一套是不是太天真？毕竟，我对他已经没有感情了。

我就这么听着他的呻吟声到孩子出生，在这期间，他天天买孩子用的东西，什么玩具、书、包、电脑一应俱全，他想要用这种方式打动我，然而我不为所动。

我时常听见他屋里的电脑键盘在噼里啪啦地响，我不知道他在干吗，可能在工作，可能已经有了新欢，这对我来说已经不重要了。

第二年初春的深夜，我突然感到小腹剧痛，尖叫一声，丈夫冲进来抱起我，一个箭步就冲出了门外。他好像早就做好了这个准备，没有一丝慌张。

我被他抱在怀里，因为疼痛我死死地拽住他的衣服，望着他焦急的面容，我心中第一次有了触动，这一生，除了他怕是再也没有谁这么疼爱我了。

到了医院，他一直抓着我的手，不停地跟我讲话，给我鼓励，说他爱我，说他一直很爱我……

我张了张嘴，小腹剧痛，再没有多余的力气告诉他，我也很爱他，我只爱他……

我在产房里了奋战三个小时，顺利产下一个男婴，丈夫面色惨白地进到产房，一边给我擦汗一边吻我的额头。

在经历这样的事情后，从前的那些恨在心中变得淡薄，我回了他一个笑容。忽然，他顺着病床瘫软下去，我挣扎着起身，不停地喊着他的名字……

可是，他再也没有回应我，再也没有睁开眼睛。

5

我扶着墙在病房外焦急地等着，医生出来说：“你丈夫是肝癌晚期，能坚持到现在已经是奇迹了。”我的眼泪簌簌地落下来，医生犹豫了一下还是说：“做好心理准备，撑不了多久了。”

我无力地瘫坐在地上，随后发了疯似的往家里跑，我冲进婆婆的屋里打开电脑，里面有一个电子文档，全是写给未出生的孩子的。

他写了五个月，二十万字。在无数个冰冷的夜晚，被病痛折磨得不住呻吟时，他抱着对孩子出生的希望打下了这二十万字。

> 孩子，也许从你记事开始，爸爸就已经去了另外一个世界，但是爸爸并没有离开你，而是选择了用特别的方式陪你成长。你要知道，人的一生会遇见很多的挫折，我很遗憾不能看着你一点儿一点儿地长大，所以只好一口气将知道的道

理写下来，希望能对你有一点儿帮助，在迷茫时有一点儿指引作用……

我亲爱的宝，爸爸写完这些，也算是陪你经历了整个成长过程……爸爸这一生最放不下的就是你和你妈妈，你一定要好好爱她，好好照顾她，听她的话，孝顺她……

在生命的最后一段时间，爸爸犯了错，做了对不起你妈妈的事情……

丈夫零零碎碎地写了能想到的关于儿子的所有事情，从幼儿园到大学，从学习到工作，从做人到谈恋爱，无论大小，事无巨细他全部都写到了。

日志的最后是一篇写给我的信，他说："亲爱的，我爱你，哪怕在我背叛你的那段时间，我满脑子都是你。我知道我做错了，对你造成了不可挽回的伤害，我不求你原谅，只希望你不要记恨我，因为恨会让人痛苦不堪，就像我在恨你的那段时间，我痛苦得恨不得就此死去。后来，我就查出得了癌症，原谅我对你隐瞒病情，我希望你能够在快乐中迎接孩子的降临，而不是为我担惊受怕……谢谢你陪我走完一生，谢谢你一直都爱我……我房间里的那些礼物是提前买给孩子的，我估计没机会亲手送他了，麻烦你转交一下，告诉他，爸爸爱他……"

我回到医院后，丈夫依旧在昏迷，我把儿子抱到他床边，喃喃自语："亲爱的，你睁开眼睛看一看，儿子在对你笑呢……"

我就这么一直陪在他身边，跟他讲话。有一次丈夫醒过来，费力地抱过儿子，小家伙在他怀里咯咯直笑，我连忙拿出手机拍下这美丽动人的一幕，泪水却不由自主地从眼眶里滚落下来……

他曾默默爱过我

人都习惯对自己爱的人百依百顺，对爱自己的人无情残忍。

我想很多人都有这样的困惑，爱和被爱哪个更幸福？

爱人的时候喜欢付出，为对方做一点儿事情就觉得满足；被爱的时候喜欢被人宠溺着，觉得自己就是世界上最珍贵的宝贝。

那爱和被爱，到底哪个更幸福呢？

在经历了很多事情之后，我的心中终于有了自己的答案。我明白了一些道理，却付出了惨痛的代价，让我这辈子心中都难以安定。

我是个很幸运的女孩子，天生有一副好皮相，所以身边围着我献殷勤的异性就像牛毛一样多，都说物以稀为贵，追求我的人多了，我对喜欢我的男生也就不那么珍惜。

在众多追求者中，我记忆最深刻的是一个很普通很平凡的男生，他用自己的生命告诉了我许多道理。

那时候我根本就不搭理他，尽管我知道他也许是众多追求者中最真心待我的一个，但是我看不上他。他长相普通，家境普通，性格也木讷无趣，我为什么要给他好脸色看？所以无论他对我多好，我都是冷冰冰的，对他说话也是恶声恶气，不会给他好脸色看。

其实，我做得挺过分的，有时候良心发现的那一瞬间，我也觉得自己是个挺讨人厌的女孩子，但是我更讨厌他。我都这么对他了，他还死皮赖脸地贴着我，这不是自己犯贱吗？！

他在我心情不好的时候会无微不至地关心我，也心甘情愿地当我的出气筒，就算我真的很过分，他也从来没有一句怨言，一如既往地对我好。女孩子都是心慈手软的，对他这样默默无闻的付出，我的心里多多少少都还是感动的，但是这种感动并没有让我萌生和他在一起的念头。

他不是我想要的伴侣，不论是在外形上还是在优秀程度上，我都不满意。也许是良心发现，我觉得自己不喜欢他，就应该让他离开，不能老拖着他，让他在我身上无谓地耗费时间、耗费精力。

正巧这天因为实习单位的事情我心情烦躁，而他已经早早地等在了公司门口，他说下班的时候天色渐晚，坐地铁回学校不安全，所以来接我下班。

我也是无意间从朋友口中知道的，他的实习单位和我的分别在城市的两端，坐地铁过来都要将近一个小时，也不知道他是怎么做到每天在我公司门口接我下班的。

我心中忽然一动，觉得有一个无条件宠着自己、爱着自己的人，也未尝不是一件好事，然后我感到很安心，觉得就算被全世界抛弃，至少还有他陪在我身边。

我一抬头，见他远远地站着，看到我来了便显出一副讨好的样子，我心中顿时又涌起憎恶的感觉。他的形象实在是不符合我对异性的幻想，我要的不是在我面前畏畏缩缩的男人，而是一个强大的、能让我依偎进他怀里的男人。

我走过去，大概是脸色真的不好看，他一面上前想帮我提包，一面小心翼翼地问我："你……你今天心情不好，发生了什么事情？"

以前我心情好的时候还会让他拎着，现在心情不好，一把将包扯了回来，一脸厌恶地说："我心情好不好和你有什么关系？我告诉你心情不好的原因你就能帮我解决问题吗？一个只能每天带着我挤地铁的男人，跟你有什么好说的？"

他低着头不说话。

我又说了一句很伤人的话，现在想起来，我真想抽那时候的自己一巴掌："你知不知道，你这样的男人连追求我的资格都没有！"

这时正好有朋友来找我玩，一辆跑车拉风地刹在我面前，朋友摇下车窗对我说："阿雅，上车，我带你去最新开的场子！"

我鄙视地扫了他一眼，扭身就上了跑车。也不知道他是不是受了刺激，一向懦弱的他居然上前追了一步，焦急地问：“那你说，我怎样才有追求你的资格？”

我嗤之以鼻，只当是逗他玩，说：“你什么时候能开辆像样的车接我下班，我就给你帮我提包的机会！否则，哪里凉快哪里待着去，别在我面前碍眼！”

他家境不好，还没毕业就买车对他来说简直就是天方夜谭，我不过是给他设了一道坎，让他不要再出现在我面前罢了。

他对我好了这么久，让他别把时间浪费在我身上，也算是对他的一点点仁慈吧。

那次之后，他真的没有再出现在我面前，下班没有去公司接我，平时也没有嘘寒问暖的短信，上课的时候也不再坐在我旁边……

当然，没有了他，对我的生活不会造成任何影响，毕竟他对我来说不过是沧海一粟，我其他的追求者还多着呢，并且个个都比他优秀。

有一天上课，他坐在我前面的位置上，我远远地望着他的背影，忽然心中涌上一股异样的感觉，他现在真的如我所愿不再缠着我了，我为什么又觉得失落呢？

可能女孩子都是这样，有时候并不喜欢那个人，但是依旧喜欢有人围着自己转，以此来显示自己的魅力。我想，这是我的虚荣心在作祟。

我又瞄了他一眼，那时他正在打瞌睡，心中对他更加看不起了:“想追本姑娘，天生条件不好也就算了，后天还不知道努力？一点儿上进心都没有……”

就这样一学期结束了，这是大四的最后一学期，毕业答辩之后，大家就散落天涯，各走各的了。我没有再想起过他，也没有再搭理他，所以心思很快就放到别人身上，我如愿以偿地交到了优秀的男朋友。

可能是对方也很优秀的缘故，男朋友对我不会百依百顺，我们时不时会发生口角，争执的时候也不会一味让着我，我再也不是众星捧月的公主。这时候，我很没出息地想起了他，开始怀念这个永远顺着我、宠着我的男人。

也许只有形成对比，我才能怀念他对我的好吧。我开始不由自主地想起关于他的事情，想起他每天接我下班，想起他给我送早饭，想起他嘘寒问暖的短信……也不知道他现在怎么样了，过得好不好，是不是也找到了喜欢的女孩子，是不是已经将我忘了……

如果他能找到一个不像我这么自私、心高气傲的女孩子，应该会过得很幸福吧，我发自内心地祝福他!

三年后的同学会上，大学的同学都聚在一起，我和人聊天的时候无意间提到他，问:“他现在混得怎么样啊？”

同学有些为难地道:“其实，他让我不要告诉你的，但是事情过去了这么久，你这个当事人还是有权利知道的。”

我心中涌起不好的预感，死死地盯着同学，说:“怎么了？”

“他已经去世好多年了！”

我手中的酒杯摔在地上，犹如五雷轰顶，哆哆嗦嗦地反问："怎么可能？你在和我开玩笑的吧……"

"我又不是缺心眼儿，有拿这种事情开玩笑的吗？"同学的神色也很暗然，"他虽然没有跟我说，但是我知道一定和你有关，那段时间他除了工作，还同时兼了三四份职务，没日没夜地工作挣钱……后来，他开了一辆车到我面前，问我，你会不会喜欢这辆车，我果然没有猜错，他是想开车去接你下班……"

我的眼泪已经不受控制地从眼眶里落下来，同学的声音还在我耳畔响起："他为了能早点儿接你下班，没日没夜地练车，可能是太累了，开车的时候打瞌睡，然后出了车祸，送到医院的时候已经快不行了……临终前他让我不要告诉你他的事情，就让你把他当作一个窝囊废忘记吧，他不想让你自责，不想你因为愧疚而受折磨……

"这是他的临终遗言，我就真的忍住没有告诉你……现在这么久了，我觉得你也该知道，以前有一个这么爱你的人……"

那时候我已经泣不成声，这个到临死的最后一刻都还在为我考虑的这样好的男人，为什么我当初就看不到。

真的是个傻瓜，我这么自私自利的女人，有什么好喜欢的，值得他付出全部吗？

说是想让我忘记，现在这样，我哪里忘得了啊！悔恨好似烈火一般烧在我心上，到底还是我害死了他啊！可是我现在后悔，为时已晚，什么都挽回不了！

如果这个世界上有时光机，我一定不像从前那样不懂事，只看外在的东西，看不到一个人的内心。如果世界上有时光机，我一定不会那么残忍、冷漠地对他，我一定选择和他在一起！

可是世界上没有如果，也没有时光机，更没有后悔药，我只能揣着这份惭愧和悔恨活一辈子！

爱和被爱，哪个更幸福？这是个无解的命题，还是要看个人的性格和领悟了。但是，不要轻易去伤害那些心甘情愿为你付出的人、爱你的人，像父母、朋友、所有爱你的人……

网上有一句话：人都习惯对自己爱的人百依百顺，对爱自己的人无情残忍。

学会珍惜爱你的、关心你的人吧，不要等到失去的时候再悔不当初。

无声的爱最深沉

我的哑巴父亲却让我明白，
最深最沉的爱是无声的，
他用实际行动让我理解爱的含义。

西北小城的街巷是灰蒙蒙的，老旧的街头有着一抹别样的韵味。街巷间，每天都能看见一个推着三轮车的老头在卖豆腐脑儿，车上挂着电喇叭，规律地传出清脆的女声：“卖豆腐脑儿咯，正宗的卤水豆腐脑儿！”

那是我的声音！

通过喇叭，叫卖声传遍大街小巷。那个卖豆腐脑儿的老头，是我的父亲，是我从小就嫌弃的哑巴父亲，我和他之间的仇恨，经过了二十几年的岁月才化解。

在很小的时候我就知道有一个哑巴父亲是一件多么丢脸、多么屈辱的事情，这便是我恨他的原因。那时候，别人家的爸爸都高大伟岸，我的父亲却又瘦又小，还不会讲话，周围的人都欺负他，连带着也欺负我，看见我就喊："哑巴家老三，哑巴家老三！"因为我在家里排行老三。

有时候放学时我会遇到在校门口卖豆腐脑儿的爸爸，他推着破旧的三轮车，手里摇着已经磨得发亮的铜铃铛，嘴里咿咿呀呀的，手上还不停比画。

"啊！啊！"我听见父亲发出难听的声音，他指着买了豆腐脑儿没给钱撒腿就跑的调皮男生，可是又不能丢下车子去追，只能无助地嚷嚷着，我看见这一场景，并没有像大哥那样追过去揍人，而是冷眼旁观。

我一声不吭地望着像是跳梁小丑的父亲，随后冷漠地走开，就像我不认识他一般。

那时候，我不恨欺负父亲的男生，而是恨父亲，恨他为什么那么无能，恨他让我在同学间抬不起头。我对他的恨，从心里延续到生活中，我从来不让他给我梳头，哪怕两个哥哥帮我扎辫子时疼得我龇牙咧嘴；我还不喜欢跟他讲话，就算他给我打手势我都是爱搭不理的；我对他没有好脸色，从来都没有对他笑过；最过分的是，我从来没有喊过他一声"爸爸"，我没有一个哑巴爸爸。

妈妈去世的时候我还很小，她没有留下遗像，只有她小时候和邻居阿姨拍的一张合影，两寸大，还是黑白的，父亲每次被我伤害后都会盯着那张照片看，就那么直挺挺地站着，垂着头盯着掌心里的小照片，直到必须要干活才走开。

等到我懂事后想起父亲孤寂的背影，我都觉得心中刺痛。但是，我小时候做的伤害父亲的事情，远远不止于此。我记得最过分的一次我把父亲气哭了，那时候我在学校里受了委屈，欺负我的野孩子指着我骂我是个没有娘养的野孩子，骂我是哑巴老三，我冲上去跟他们打架，最后身负重伤回家，正好看见在磨豆腐的父亲。我恼羞成怒，冲到他面前破口大骂，把别人骂我的话千倍百倍地还到他身上，最后，我围着父亲画了一个圈儿，还往中间吐了一口唾沫。我不知道这是什么意思，那些欺负我的孩子就是这么对我的，所以我也这么对待父亲。

父亲定定地望着，连手中的活儿都忘记做了，就那么蒙了许久，眼泪像是泉水一样无声地淌下来。那是我看见父亲为数不多的眼泪，他好似轰然坍塌的小山包，躲在豆腐坊的草垛里，哭了整整一夜。

我没有因为他的眼泪幡然醒悟，而当作为自己心中压抑的屈辱找到的出口，我发现，辱骂父亲能够让我内心的痛苦得到缓解，所以我乐此不疲地辱骂他，我像是患了失心疯的疯丫头，天天围在他身边转，将我知道的所有恶毒的语言都用在他身上。

最初，他会呆上一阵子，然后躲到一旁默默流眼泪，后来只会发呆，望着母亲的照片一站就是一天，最后，他好似没有听到我的辱骂一般，只是更加卖力地干活儿，将瘦弱的身子压在磨杆上，像老牛一般不停地推磨，那模样，丑陋得让我厌恶。

那时候我唯一的愿望就逃离，逃离我的哑巴父亲，逃离知道我有个哑巴父亲的小山村，我知道，我唯一能做的就是好好读书，考上大学。那段时间我将所有心思都放在学习上，真正做到了“两耳不闻窗外事，一心只读圣贤书”，就连我两个哥哥结婚成家我都不知道……我只知道发疯似的读书。

就这样，五六年过去了，我考上了县城里的大学，在拿到大学录取通知书那天，父亲穿上结婚时买的一套中山装，坐在院子里的石磨上等我回家。

我一推门进院子，他连忙冲过来兴奋地将他所有的家当塞到我手里，那一卷零钱上沾满了豆腐的味道。我的手不小心触碰到他满是老茧的掌心，顿时心中涌上一阵悸动。我抬起头望着他热切的脸，他的眼里燃烧着兴奋和骄傲，我不知所措地望着陌生的父亲，茫然地看着前来庆贺的亲朋好友。

父亲抓过我的手，嘴里咿咿呀呀地说着，他将我拖到椅子上，意思是让我好好坐着，随后又去拉大叔，在他们的帮助下把饲养两年的大肥猪杀了。在那样的年代，猪就是一家人的命啊。不知道什么东西触碰到我早已坚若磐石的心，我感觉眼里涌出泪水，但是望着笑得皱纹堆满一脸的父亲，我还是忍住眼泪，费力地挤出笑容。

父亲请邻居的乡亲父老吃饭，庆祝我考上大学，那是我第一次觉得这个哑巴就是我的父亲，在吃饭的时候，我往他碗里夹了两块红烧肉，然后说：“爸，吃肉，吃肉！”

顿时，众人都像是被点了穴道似的愣在原地，那时候我才明白，从前的我是多么不懂事，原来我叫一声“爸爸”都会让人诧异成这样。顿时，父亲的眼泪就从眼眶里流下来，他和着咸湿的泪水将红烧肉塞到嘴里，我望着父亲，他混浊的眼睛里第一次有了光亮，盛着满满的骄傲。

之后父亲喝了几杯高粱酒，乡亲们都争相庆贺，他站起身回礼，我第一次见他红光满面的样子，第一次见他手语打得那么流利潇洒，腰板儿直得像是竹子。

难怪啊，从我出生到现在，我从来没有叫过他“爸爸”！

我考上大学后，父亲更加辛劳地卖豆腐脑儿，用带着豆腐气味的钱供我上大学。还好我读书也争气，毕业后顺利分配到一家事业单位工作，这就是铁饭碗，也算是光耀门楣了！

等工作安顿好后，我想着把父亲接到县城里享享福，回报他的养育之恩。就在这个时候，老天跟我开了一个天大的玩笑，在我坐公交车回老家的时候，天下起了暴雨，路上泥泞不堪，车翻了，很快我就陷入昏迷。

之后的事情，我是从别人口中听说的。

有过路人报了警，被送到省城医院时我已经昏迷不醒，浑身血淋淋的。父亲和大哥、大嫂、二哥、二嫂赶到医院，医生直接说：“伤势太重，生还的可能性不大，做好料理后事的准备。”

大哥、大嫂和二哥、二嫂都愣在原地，随后就哭作一团，只有父亲没有因为这句话放弃救我，而是扑过去抓住医生的白大褂，将浑身上下摸了个遍，把沾着豆腐味道的零钱塞到他手里，手上慌慌张张地比画着：“救救她，救救我的女儿！”

医生小心地安抚情绪几乎失控的父亲，说自己会拼尽全力抢救我。

在医院里躺了一两天，我的伤情并没有好转，大哥悲伤地在为我准备后事，父亲看见后，生气地撕碎丧服，指着自己的眼睛，接着用大拇指在太阳穴的位置比画几下，然后又伸出手指了指躺在床上的我，摆了摆手，最后闭上眼睛，意思是说：“你们不要放弃，也不要流眼泪，你妹妹不会死的，她现在才二十岁，花一样的年纪，她一定能活过来！”

随后父亲又去求医生，医生只能无奈地摆摆手，表示自己真的无能为力，毕竟我被救上来时后脑勺磕到石头，整个脑袋已经血肉模糊，到医院时只剩下一口气。

医生担心刺激父亲，只好跟大哥说：“这姑娘没得救了，你好好跟你爸爸说，让他接受现实。就算还有一丝希望，也要花很多很多的钱，这样高额的医药费，你们根本就支付不起……”

一旁的父亲听见了，他冲过去拉着医生的手臂，指了指面无血色的我，又指了指大哥大嫂，比画几个手势，忽然扑通一声跪在地上，意思是：“钱不是问题，求求你们救救我女儿，她是个好孩子，她考上了大学，现在有出息了！多少钱我都付得起，我可以卖豆腐花，可以喂猪，可以种地，我现在有五千块积蓄……我就算砸锅卖铁都要救她！”

医生也受到触动，他只能眼含悲伤地望着父亲，说：“老大哥，五千块远远不够啊！你这女儿，真的……”

父亲见医生的嘴型，满心的焦急，扯着大哥让他说道说道，手上也不停地比画着:“我还有儿子儿媳，我们会一起努力，我还有房子，我可以把房子卖了，我睡地上！”他指了指地板，双手合十放在脸旁，然后指了指自己的心口，把手摊开，“您放心，我们不会赖账的，我们一定会……”

不知何时，医生的眼中也涌出泪水，他连忙将跪在地上的父亲搀扶起来，哽咽地说:“老大哥，我会尽自己最大的努力救治您的女儿，可是，你可一定要想清楚啊，万一上了手术台也没能保住命，到时候可是人财两空啊……”

父亲坚定地点着头，没有一丝犹豫，拍了拍口袋，再平摊在胸口，意思是:“只要你们尽力抢救，就算救不活我也甘心，医药费一分都不会少！”

那时候的父亲，高大威猛得像是巨人，尽管他看起来瘦弱不堪。他用自己单薄的身躯支撑起我的生命，也支撑起医生抢救我的决心。

就这样，在父亲满心期待和担忧下，我被推进手术室。

医院的护士跟我说，父亲在手术室外守了整整一晚上，十几个小时滴水未进，因为紧张和害怕不停地来回踱步，竟然将脚下的布鞋都磨破了！他不停地向上苍祈祷，祈祷他的宝贝女儿一定要渡过难关，最后嘴都磨出几个水泡。

大概是父亲的虔诚感动了上苍，我总算活着下了手术台，但是我陷入昏迷，被诊断为“植物人”，虽然活着，但是跟死了没有什么区别。经历了这次大磨难，所有人的神经都承受不起这个结果，只有父亲对我还抱有希望，他没日没夜地守在我床边，用他粗糙的手抚摸着我的手背，满含希望地等待我醒过来！

为了让医生护士尽心尽力地对待我，他总是去“贿赂”他们，趁着大嫂给我擦身体的时候做一锅热腾腾的豆腐脑儿，给医院的医生和护士都送上一碗，尽管医院规定医生不可以拿病人的东西，但是望着父亲热切的目光，若是拒绝一定会伤了他的心，都沉默地接过去。

父亲看着他们吃着豆腐脑儿，也就安心了，期待我醒来的信心也变得足起来，他比画着说：“你们都是好人，我相信你们一定能治好我的宝贝女儿！”

在我昏迷不醒的时候，父亲为了筹集医药费，天天四处奔走卖豆腐脑儿，他的小三轮车几乎走遍周边的山村，乡亲们口口相传，知道他有个命悬一线的女儿，都纷纷献出自己的爱心，拿出钱捐助给我们，父亲也没有糊涂，歪歪扭扭地在本子上记着：张家大婶，三十元；王家老四，一百五十元……

三个月后的清晨，阳光透过窗户洒在我脸上，我像是受到触动，费力地睁开眼皮，映入我眼眸的是趴在床沿睡着的父亲，大概是感觉到我在动，他一下子抬起头来，我看到他已经瘦得不成人样的脸。

他张大嘴怔怔地望着我，随后手舞足蹈地在病房里乱叫，嘴里发出咿咿呀呀的惊喜的欢呼。顿时，我的眼泪就控制不住地滚落下来，我的父亲啊，在我昏迷的这几个月里几乎老了二十岁。他现在满头白发，苍老得好似耄耋老翁。

渐渐地，我因为治疗而剃掉的头发长出来，父亲摸着我黑亮的头发满足地笑，像是冬天里温暖的阳光。

那时，我觉得内心幸福无比，从前我多么憎恶的爱抚，现在却觉得是世界上最美好的事情。

半年之后，我的头发长长了，父亲用颤颤巍巍的手为我扎辫子，他的动作变得迟缓，手也显得笨拙，但是我却再也没有嫌弃的情绪。

现在，我除了偶尔会头疼，其他一切如常，看起来十分健康，父亲看着这样的我骄傲不已。我回到原来的单位上班，把父亲也接到县城里一起住，我们努力赚钱还债，几年之后，总算还清了。

那时候我便不想他再辛劳，想让他在家里好好享福，但是辛劳一辈子的他根本就闲不下来，我只好在街边上给他租一个小门面，让他卖豆腐脑儿。香嫩的豆腐脑儿惹人爱，周围的邻居都夸父亲手艺好。

每天到傍晚的时候，父亲就会骑着破旧的三轮车走街串巷，我就将声音录进喇叭里帮他叫卖："豆腐脑儿嘞，热腾腾的豆腐脑儿！"

尽管我的叫卖声父亲听不见，但是每当别人听见声音出来买豆腐脑儿时，他脸上都会涌起骄傲和幸福的笑容。然而我从前对他那样坏，将他伤得那么深，那些事情好像并没有在他心上留下痕迹，就像从没有发生过似的。

他从来没有记恨我，以至于我都不忍心向他忏悔。

表达爱的方式很多，有人选择倾听，有人喜欢倾诉，有人带来震撼……我的哑巴父亲却让我明白，最深最沉的爱是无声的，他用实际行动让我理解爱的含义。

一支口红和两个男人

我从来没有想过一支口红竟然会让我们的感情破灭。

曾经的海誓山盟，曾经的浓情蜜意，就这么经不起物质的冲击吗？

大学时期流行两种感情，一种是为了爱情甘愿贫穷的精神恋爱，一种是为了物质牺牲爱情的婚姻。她是个浪漫的女子，所以选择了前者。

大学毕业后她做了文秘，工作一年，穿上洁白的婚纱，和同样是小职员的他步入婚姻殿堂。

新婚过后他们生活得相当幸福，二人世界的甜蜜弥补了她在金钱上的匮乏。然而，好景不长，没过多久就出现了裂痕。

身为文秘的她，时常要跟着老总参加各种会议，这一次是一个大型的圆桌会议，她像往常一样负责记录会议的要点，她刚喝了一口茶，纸杯上就赫然出现一个口红印。顿时，她面色绯红，连忙将纸杯推近自己，生怕被人看见。然而这一幕却没能逃过对方文秘的眼睛，当她们在洗手间狭路相逢的时候，对方阴阳怪气地酸了她一回。

她心中虽然生气，却无力反驳，她就是没有钱买昂贵的化妆品，甚至拿不出钱买一支像样的口红。她瞪着那人扭身离开的背影，眼泪簌簌地落下来，心中无比委屈。

结婚之后，她为了能早点儿存出房子的首付，攒钱成了首当其冲的重任，衣服、化妆品什么的，她都是能对付就对付，反正年轻，用身体可以撑起廉价的衣服，皮肤还很光亮，就算不用化妆品都还很好看，所以她并不在意，那支褪色的口红也是她只花了十块钱买的，谁知道最后会闹得这么尴尬，还被人奚落一番。这一次，她觉得自己的自尊心被人狠狠地插了一刀，鲜血淋漓。

从那之后，她的心态变了。她虽然还是和往常一样穿着廉价的衣物，用着廉价的化妆品，但是她不再觉得那么理所当然，反而对那些东西满是嫌弃。她开始有虚荣心，逛街也不再满足于小商品市场，而是想去逛大商场，穿品牌，有时候甚至觉得那些大学就选择了金钱的女孩儿，是很有远见、很明智的。

虽然嘴上什么都没有说，但是她在心里埋怨他懦弱无能，平时也不喜欢跟他讲话，两人之间变得沉默起来，从前的浓情蜜意都烟消云散。

她的转变又怎么会瞒得过他的眼睛呢？

不久，他们一起出去时路过一家大商场，正巧遇见化妆品打折，在她犹豫的当口儿，促销小姐已经热情地将她拉了进去。她试的那支口红是德国品牌，颜色亮丽，十分适合她的肤色，最重要的是不褪色，不沾杯，这一点让她十分心动，打定了心思要买。

他也看出她的想法，连忙掏出钱包问价格，四百九十九。这个数字让他一愣，拿钱包的手也不再动弹。她忽然觉得受伤，感觉周围的人都在嘲笑自己有一个无能的丈夫，她扭过身就跑，他在后面追。

这一次他们发生了有史以来最激烈的争吵，她埋怨他无能，他数落她嫌贫爱富……就这样，他们的婚姻走到了尽头。

后来，她嫁给了一个富商，他去参加她的婚礼，送给她一个礼物，她只是瞄了一眼就丢到角落，过去的人和过去的事，她都不想再提。

新婚姻让她觉得很幸福，满足她了作为女人的虚荣心，天天都有昂贵的化妆品、奢华的首饰、顶级品牌的包，挥霍金钱成了她唯一的乐趣。她享受了一段时间的奢靡生活，渐渐地不再满足于此，她又开始希望有一个温暖的家。

她给富商丈夫打电话，质问他为什么彻夜不归，为什么有时候好几天不着家。他对她的解释永远都是在工作，业务繁忙。直到后来，她看到他衣服上有女人的长发，他在外面有了新欢，她悲痛欲绝，哭喊着质问，她丈夫只是厌恶地将她推开，说：“没本事的男人才成天在家里，你现在吃我的、穿我的、用我的，还有什么好说的？就安安分分做你的阔太太就行，其他的都给我闭嘴！你当初不也是看上我的钱？别他妈当了婊子还立牌坊，看着就让人恶心……”丈夫说完后摔门而出，她趴在床沿哭得撕心裂肺，滚烫的泪水让她明白，她在他眼中不过是摆在家里的花瓶、一只依附在他身上的寄生虫。

就这样，她的第二段婚姻也走到尽头，她没有后悔，她要找回女人的自尊心，再也不愿做一只寄生虫。在收拾东西的时候，她无意间看到他送给她的新婚礼物，可怜兮兮地蜷缩在角落里。她打开一看，竟然是那天在商场中看到的口红，卡片上有留言："我从来没有想过一支口红竟然会让我们的感情破灭，曾经的海誓山盟，曾经的浓情蜜意，就这么经不起物质的冲击吗？算了，说这些也没什么意义了，这支口红送给你，祝你新婚快乐！"

她走到镜子面前涂上这支口红，抿了抿唇，感觉自己容光焕发，然后将口红放到包里。

她离开奢华的别墅，没有一丝留恋。

很久之后，她无意间在网上看到某国内知名化妆品经销商的专访，他说："我知道这难以置信，但我真的因为一支口红失去了一段婚姻，也失去了我最爱的人。当时我很穷，我舍不得给她买四百九十九元一支的口红。后来我才知道，她在工作时因为口红在杯子上印上唇印而被人羞辱，对她造成了极大的伤害，我不知道这支口红对她意义重大……从那之后，我决定做口红的经销商，做平价但是性价比极高的单品……”

她望着屏幕上那张熟悉的脸，泪水从眼眶中滑落下来，正好滚到唇边，润湿了涂在唇上的口红，正是他送她的那支口红。

孤独的父亲

父亲的身影离开了这个人情冷漠的城市，
我的心里突然涌起一种冲动，
有泪水顺着我的脸庞滑下……

三天前的下午，我和妻子都不在家，父亲背着一个小布包蹲在家门口，嘴里还叼着一根旱烟。

等我下班回来的时候，楼上的王婶慌张地拉住我，说在我家门口撞见了父亲，还以为是哪里来的盲流子，险些要叫保安呢！父亲惶恐不安地站起来，说：“这里是我儿子的家啊！”

晚上做饭的时候，我向父亲询问这件事情。他站在厨房的角落里搓着双手，目光游移，就是不看我，嘴里呢喃着：“那个，我下次过来的时候会记得穿得立整些的。”看着父亲的样子，我的心快要被愧疚淹没了。原本以为父亲会觉得自尊心受挫，想要安慰他一番，没有想到他丝毫没有觉得委屈，更没有怨怼之意，一下子就把我的浅薄无知显露了出来，我的心里像打翻了五味瓶，什么滋味都有。

晚上我们把父亲安排在了儿子的屋里，因为家里并没有多余的房间。可是没过多久，就听到儿子的房间里传来了一阵骚乱声。我和妻子对视一眼，连忙打开房门跑了出去，只看见儿子站在床边嚷着:“你快出去！我不要你亲我，你那么脏！”父亲捂着脸呆呆地站在那儿，迷茫得不知道说什么才好。

我一巴掌拍在了儿子的屁股上，说:“你这个浑小子！这是你爷爷，你爸爸的父亲，你怎么能这样对他！”儿子被我吓坏了，躲在妻子的怀里痛哭，妻子连忙把儿子抱了过去，用愤怒的眼神看着我。

父亲拉住我的胳膊，满脸的愧疚，像是个做错事的孩子。

这天晚上，我是在父亲的辗转反侧中入睡的。

第二天一大早，我和妻子都要去上班。我听见妻子用一种不友好的声音说道:“茶几上有烟卷，别再抽旱烟，弄得到处都是烟灰。还有，不要动音响，不要动燃气灶，不要动冰箱，不要动电视……”

父亲一脸服帖地回答:“放心吧，要我动我也不会。”中午我和妻子下班回来的时候，打开门就看见父亲蹲在地上，用一块毛巾胡乱抹着地板，实木的地板上到处都是水渍。妻子瞪了我一眼，然后躲进了房间，门被摔出了一声巨响。

父亲看见我们回来了，手足无措地站在那儿，又像是一个做错事的孩子。我叹了口气，过去接过父亲手里的抹布，说“父亲，您是在帮我们拖地吗？”父亲连连点头。我拿出拖把，仔细地演示了一遍，然后把拖把交给他，说：“您试试看。”父亲学得很快，把剩下的地板拖了一遍。然后站在门口，看着终于干净了的地板，对我投来了感激的目光。

下班的时候，外面下起了小雨，到家发现父亲不在，妻子顿时又发了脾气。我实在是觉得这个女人不可理喻，于是和她吵了起来。正当我们吵得热火朝天的时候，父亲回来了。父亲局促不安地站在门口，湿漉漉的发丝缠绕在一起，手里还拎着一个塑料袋。他似乎是在老家待习惯了，连鞋都忘记了脱。妻子见状，又一脸嫌弃地进了卧室。我说：“父亲，吃饭吧。”父亲点点头，然后问起孩子的事。我对父亲说了谎，我怕他知道孩子被送到岳母家会伤心。

父亲看着我，然后默默地把手里的塑料袋打开了，里面装着两袋核桃粉，两瓶子蜂蜜，还有一袋健脾糕。父亲对我说：“我也不知道你们缺什么，就胡乱买了点儿。”

他抚摸着手里的袋子，说：“你胃不好，记得每天早晚各喝一勺，有好处；你媳妇是用脑的人，核桃粉补脑最好了；孙儿身体不好，看着那么瘦，这健脾糕吃了开胃。”

最后父亲从怀里掏出了一个塑料袋，郑重地放在了桌子上。“这三年来，我卖鸡卖猪也没攒下什么钱，这五千块你拿着。明儿个我就走了，我知道你工作忙，没有时间回去，若是有时间啊，就去看看你妈的坟，还有你爷爷的坟。”

说完，他掏出兜里的旱烟，可能是想起了我妻子的话，又默默地塞了回去。我接过父亲手里的烟，给他点了一根，也给自己点了一根。父子两个人坐在茶几的两边，在烟雾中，谁都没有说话。

天刚亮，父亲就要走，说他放不下乡下的稻田地，还有那条朝夕相伴的大黄狗。无论我怎么挽留，他都不愿意留下来。我只好叫了辆出租车送他去车站。可是我忘了，父亲这辈子都没有坐过小轿车，他尴尬地站在车边，却怎么都找不到门把手。我走到父亲身边，弯腰为他打开了车门，等他坐进去又为他关上了车门。父亲从窗子看着我，满脸幸福地笑着对我说："儿啊，爸这辈子算是知足了，村里怕是没有人比我更幸福呢！"

我心里顿时不知是什么滋味。

这辈子，我为许多人弯过腰，开过车门，朋友、上司，甚至是陌生人。但是，从来没有一次像今天这样恭敬过，发自内心的恭敬。父亲是农民，我是干部；父亲是庄稼人，我是城里人；父亲这辈子怕是都没有办法达到像我这样的程度，但是我能够有今天的前提是父亲给了我生命。父亲这辈子都在为我弯腰，从小到大，不知道为我吃了多少苦，受了多少罪。但是我又为父亲做了什么呢？今天不过是开了一次车门，就让父亲这样感动。

车子很快就消失在了我的视线中，父亲的身影离开了这个人情冷漠的城市，我的心里突然涌起一种冲动，有泪水顺着我的脸庞滑下……

每个人心中都有一把钥匙

每个人心中都有一把钥匙，
这把钥匙叫作“猜忌”。

他一直都是别人口中的好男人。

他疼爱自己的老婆，哪怕她周末会约同事在家里通宵打麻将；他爱惜自己的家庭，哪怕她从来都没有下厨做过饭；他包容自己的老婆，哪怕她从来都不是一个体贴的妻子。无论是从哪方面来看，他都是一个无可挑剔的好老公，好得让他的妻子自惭形秽。

她以为自己会这样幸福下去，一直被他当作掌心里的宝贝宠爱着，直到她发现他多了一把钥匙。原本，他只有四把钥匙的，一把是办公室的，两把是家里的两扇门，还有一把是公寓楼大门的，那么，这多出来的一把钥匙是哪里的？

她也试探地问过，想要探他的口风，但是她失败了，他只是支支吾吾地闪烁其词，并没有说出实质性的东西。

这让她更加不安，对钥匙的用途更加怀疑。她开始像其他女人一样在他的手机上安装定位软件，时不时地突然出现在他办公室里，美其名曰接他下班，其实就是查岗。

那时候，她觉得自己患上了神经过敏症，晚上的睡眠变得很浅，稍微有点儿风吹草动就会失眠。她周末也不会再招呼同事来自己家中打麻将，甚至买了菜谱学习做菜，做家务。尽管这样，她似乎也没有挽回他的心。

他比从前更加沉默，她开始猜不透他的心思，心中的恐慌和怀疑也越来越盛。他有时候会半夜不睡觉，偷偷摸摸起床去阳台抽烟，也不再说话了，总是一副颓靡的模样，最过分的一次是连公文包都没有带就去上班了。

他真的变了太多太多，唯一没有变的是，还是和从前一样对她温柔体贴，但这并没有减弱她心中的猜疑。

在她没日没夜地追查下，事情总算有了眉目，她发现那把钥匙是开保险箱的，她趁他不注意将钥匙偷了出来，第二天就去银行打开保险箱一看究竟。

她站在保险箱前，深深地吸了口气，心跳得很快，像是要蹦出嗓子眼儿。等了半晌她才打开保险箱，一个盒子放在里面，她狐疑地打开，映入眼帘的就是他们的结婚照，照片下面是一沓情书——他从前写给她的八十一封。

她继续往下看，里面有房产证、证券、遗嘱。她心中想：“才三十岁立什么遗嘱，这不是在诅咒自己短命吗！”遗嘱上面，所有的受益人都是她的名字，不知道为什么，她的眼泪就像是泉水一样喷涌而出。所有的怀疑都烟消云散，从前爱她的男人依旧爱他，没有一丝一毫的改变。

她一边在心里埋怨自己多疑一边整理东西，正在这时，一封其他样子的信掉了出来，她原本已经烟消云散的猜忌又重回心头，她迅速捡起信封，拆开来看，里面是一张诊断书，他得了胃癌，已经是晚期，没有多少时间了。

每个人心中都有一把钥匙，这把钥匙叫作“猜忌”。

如果我们能够知道心爱的人什么时候会离开自己就好了，这样就会珍惜和他在一起的每分每秒，也就不会留下那么多遗憾。所以，请对自己爱的人好一点儿，也许他明天就离开你了呢？如果我们把每天都当作最后一天来过，就不会有时间去争执、吵闹，也不会浪费那么多为他付出、对他好点儿的机会。

如果爱他，就好好对待他吧，不要让无谓的猜忌分散精力，成为彼此的一道裂纹，然后演变成再也跨不过去的沟壑；也不要让猜忌消磨彼此的爱情，就算从前感情深厚，也禁不住长时间的猜忌和争吵。

珍惜还陪伴在身边的人吧，好好爱他！

我不想

失去为你泪流满面的权利

失去与你开怀大笑的记忆

失去让你操心到老的唠叨

你看呀看

我还没来得及长大

学会爱人

学会珍惜

你给的所有

别走，让我好好拥抱你

感激你，疼爱你，陪伴你

第3章 千言万语不如紧紧拥抱你

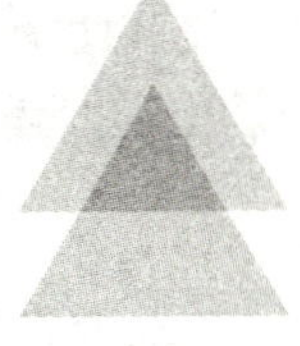

如果一切能重来，我不想放开你的手

有时候看见公园里有老夫老妻在散步，我就想起我陪她在医院的那段时间，我还想和她白头偕老呢，她却已经去了另一个世界。

如果上苍再给我一次机会，我一定不会那么自以为是。

那天晚上，我像往常一样坐在电脑前看新闻，妻子裹着浴巾出来，坐在床上，夹着腿看脚底板，说："这里怎么多出一颗黑痣啊？"

我瞄了一眼，随意地说："脚底板那么隐秘的地方，你平时又看不到，记错了也不一定啊！"我只当她是头发长见识短，大惊小怪呢，根本就没有放心上。

后来我才明白，是我自以为是了。

我和她结婚十来年，生活还是挺安逸、挺美满的。我打拼六七年后总算爬到公司的高层，薪资翻番，妻子辞去工作，在家里当起了全职太太。我因为工作很忙，加班是家常便饭，时常还要出差，有时候两三个礼拜回不了家。

换作别人，出差在外地心里还要牵挂着家里，担心父母、担心孩子，我就不一样，我出差在外一身轻松。我知道妻子会替我照顾好一切，她能伺候好我爸妈，能够辅导孩子功课，是个真真正正的贤妻良母。

我公司的同事都很羡慕我，说我娶了她这样的一个好妻子，其实我也很庆幸自己有福气娶到她。当然，别人也很羡慕她有一个好老公，不用朝九晚五地挤地铁、搭公交，也不用辛辛苦苦地工作、处理复杂的人际关系。

我家庭幸福，很早就买了车子和房子，也没什么生活压力，我和妻子一直以为我们的生活会这样平淡幸福地过下去，就在我们沉浸在美好中时，上天给我们开了一个天大的玩笑。

妻子从前是在医院工作的，知道平白无故长了一颗黑痣一定不简单，她没有跟我讲，自己去了医院做全身检查，确诊是得了皮肤癌。

她把这个结果告诉我的时候，我当时就蒙了，愣了愣之后开玩笑说：“你是不是贪便宜，去了小诊所？明天我请假，陪你去大医院看一看。”

她没有说话，她也同样希望是诊断错误，希望她并没有患上皮肤癌。事实上当然不尽如人意，是我在垂死挣扎。

那段时间，我陪她跑遍了江浙沪的大医院，所有的诊断书上都赫然写着“皮肤癌”三个字。还有一个很权威的医生给我们判了死刑，他说：“皮肤癌的死亡率高达90%，你们要做好心理准备！”

没过多久，她的脸上、腿上、胳膊上、背上……浑身都开始长出黑痣，她的身体也开始虚弱下去，现在只能躺在病床上，等着做好饭给她端到床边。

我坐在床沿给她喂饭，她笑着接过来说：“我自己吃。”

“我喂你吧，以前都是你照顾我，难得我照顾你一次。”我担心她身子不好，什么都想代劳。

“我还没虚弱到那个时候……听说病到最后大小便都不能自理，还有你照顾我的时候。”她坚持要自己吃，我只能坐在她身旁，静静地望着她。

其实，我想说点儿什么安慰她的话，顺便也安慰自己，然而，我一句话也说不出来。毕竟，这是癌症啊，我要说“不怕，能治好的”这样的话来骗她也骗自己吗？

这样的自欺欺人实在是太苍白无力了，反而徒添悲伤。

妻子吃完饭就睡了，我这才匆匆忙忙地回家收拾东西，为儿子准备晚上要用的东西。

我一推开门，家里冷冷清清的，厨房里没有了她在忙碌的声音，房间里也没有她身上淡淡的香气，就连阳台上的绿色植物也因为无人打理而枯萎、凋谢。从前温暖的家此时变得跟旅馆一样冰凉。

后来我实在是忙不过来，就让爸妈暂时把儿子接过去。因为我整天面对着日渐虚弱下去的妻子，心情也悲伤到了极点，害怕影响孩子，也因为我照顾不好儿子。最开始时我煮的饭儿子还能吃两口，后来他一口也不愿意吃。

我对家里的生活用品知道得少之又少，厕纸用完都不知道去哪里找，如何用微波炉给儿子热牛奶都不会，脏衣服堆满了洗衣机，我根本就不会用……那时候我才知道，原来家里没有了妻子，根本就不是家了，而成为了无人气的冰窖，我也才明白她在我生命里扮演的是不可或缺的角色，我离不开她，可是我没有能力从死神手中把她抢过来。

就在她病情日渐恶化，我无能为力、痛苦不堪的时候，有朋友告诉我，广州有一家专门治疗皮肤癌的医院，在那家医院里出过不少痊愈的例子，只是医药费很贵，一般人家根本拿不出。

我没有问要多少钱，我只知道，我就算砸锅卖铁都要救妻子。

朋友还是给我透了个底：“皮肤癌一般都是按疗程治疗的，三个月一个疗程，三十万吧！治愈的可能性有30%。”

我点了点头，比其他医院治愈的可能高了二十个百分比，多出了很多可能性，松了口气，三十万，也要给她治。

我把这件事情告诉妻子，絮絮叨叨地说了好久她才听清楚，那时她已经被病痛折磨得死去活来，憔悴得就像是骷髅，但她说出了两个字，掷地有声：“救我”。

我知道她想活着，就像我想她能一直活在我们身边一样，我们还有那么多事情没有做完啊，我们还要看着儿子长大成人，还要携手白头，七老八十的时候一起逛公园，一起逗弄小孙子、小孙女啊……

我俯过身去抱着她，不停地用下巴蹭着她的发丝，眼眶都湿润了，说：“好，好，我救你，我砸锅卖铁都会救你的……”

从前我们的生活平静如水，我也没觉得自己多爱她，可能因为从来没有想过这辈子会这么仓促地和她分开，很多感情根本就没有真切地体会，现在体会到了，才知道我有多么地爱她。

我下定了决心要去广州，去公司请假，办理手续的时候同事们过来询问妻子的病情，都宽慰我，祝福她早日康复。有个关系极其要好的同事拉着我说：“我说句不好听的话，这件事太冒险了，三十万，你大半辈子的钱都赔进去了，到时候人财两空怎么办？你还有儿子，将来要用钱的地方多着呢……”

我知道他说的也是实话，但是我要救妻子的决定没有因此动摇分毫。三十万又怎样，钱没了还可以挣，人没了哪里再去找？如果没有了妻子，我这个家真的就要散了！如果能治好她，别说是三十万，哪怕是五十万、一百万，我砸锅卖铁都要凑出来，只要她能活下来就好！

去广州之前我去超市里买日用品，那天正好是中秋节，超市里的人都是笑容满面的，甚至还有西装革履的男人陪着妻子一起买菜，夫妻恩爱的景象刺伤了我的眼睛。我好像很少陪妻子上街，也很少陪她逛超市……

我忽然觉得，世间的烟火气息变得亲切，同时又变得遥不可及。我后悔从前很多事情没有做，现在要失去了才知道其中的珍贵。

我提着大包小包的日用品回到家，那是按照妻子给我开的单子买的。手里的袋子很重，勒得我手掌都开始泛白，这么多年来都是妻子一手安排家用，我连一卷纸、一管牙膏、一支牙刷都没有买过。我从来都没有意识到，这些琐碎的家事其实也是很操劳的事。

以前我总觉得，我起早贪黑地在外面工作才是最累的，我挣钱，所以我才是家里的顶梁柱，现在妻子躺在病床上，只留下我一个人的时候我才发现，如果不是她把家里打点得这么好，我根本就没有办法安心工作，她才是家里最重要的人。

我带着她去广州治病，那三个月里我们朝夕相处，一起哭，一起笑。刚开始治病的时候，化疗还是有点儿效果的，她觉得自己好多了，也不再那么浑身无力，我扶着她到花园里散步。风拂过她苍白的脸，我心中一片荒芜，我觉得她好像就要散落在风中，我怎么抓都抓不住。

晚上我将她拥在怀里，有一搭没一搭地闲聊，从我们相遇谈恋爱的时候开始，一直聊到结婚生孩子，甚至还聊到了她病逝之后的日子，那样的日子，我只要想一想都觉得恐怖，家里怎么能够没了她？

后来，化疗对她渐渐失去效果，她一天一天地憔悴下去，到最后，连稀粥都咽不下去了，只能靠营养液续命。她虚弱地陷在病床上，拉着我的手泪眼婆娑地说："我想回家，带我回家……"

我连夜收拾东西，带她离开广州。回到家后，她的身体越来越弱，我们几乎已经放弃治疗，只能让她在家里的床上躺着等待死神的降临。她说："最后一段时间，我想陪着家人，不想死在医院冰冷的病床上……" 我不想违背她的愿望，只是看着她每天被病痛折磨得死去活来，心都揪着疼。

那时候，止痛药已经不起作用了，我只能眼睁睁地看着她在床上翻来覆去地挣扎，睡眠对她来说已经是可望而不可即的，在极度疲惫的时候还要彻夜地失眠，我无能为力，恨不得自己代替她来受这种罪。

在生命的最后，她清醒的时间越来越短，只要能够开口讲话她就跟我交代后事，告诉我孩子一般在什么时候会开家长会，什么时候换季，要注意备好感冒药，厕纸放在哪里，我要穿什么牌子的内裤，多少号，在哪个超市买……我不住地点头，可是我脑子里一团乱麻，什么都记不住。

我一个从来都不哭的大男人，听着她微弱的声音，我哭得像是孩子一般无助。

我不敢打断她说话，怕一打断就听不到她久违的声音，只能在心底呐喊："我好笨，我做不好这些琐碎的家务，你别走好不好，不要离开我，不要离开儿子……"

她临终前的几天，嘴里一会儿念叨儿子，说想看着他长大，我知道她不想死，我知道她的遗憾；一会儿念叨我，说能嫁给我是她一生最庆幸的事情，说在广州治病的那三个月，是她最幸福的时候……

同样，在广州的那三个月也是我生命里最幸福的时候，平时工作忙，根本没有时间陪着她聊天，陪着她散步，给她喂饭，细心地照顾她。在那三个月里我花光了家里的所有积蓄，也失去了升职的机会，我失去了很多物质，但是比起陪妻子走过人生的最后一段路，都算不得什么。

我感谢自己是个有情有义的人，做出了正确的选择，如果我放弃救治妻子，我这辈子都会受到良心的折磨，永生难安。

妻子去世的那一天很晴朗，阳光透过窗户洒在她恬淡的脸上。

我告诉儿子："你妈妈去了天堂等着我们，以后我们还能团聚的，那时候，我们还是一家人。"

妻子去世后的很长一段时间，我都难以走出失去她的痛楚，稍微有点儿事情就能让我在大街上湿润双眼。

有时候开车回家，看见路边有刚刚接孩子放学的一家三口，我就想起我因为工作忙，都是妻子接的儿子；有时候看见公园里有老夫老妻在散步，我就想起在广州的时候，我陪她在医院的那段时间，我还想和她白头偕老呢，她却已经去了另一个世界。

我现在又是当爹又是当妈，每次给儿子热牛奶、去超市买菜的时候我都会想起妻子。有时候加班晚了，厨房里也没有帮我热好的饭，我只能泡包泡面凑合凑合；有时候午夜醒过来，习惯性地摸摸身旁的位置，掌心传来冰冷的触感，身旁空无一人，每每此时，我都悲伤得几欲落泪。

妻子在我身边的时候，我并没有觉得多么幸福，可能天天都是如此，我习惯了，她离开了之后我才知道，那样平凡的幸福是那么难得、那么珍贵。

有一天公司里组织集体献血，我想起以前她笑着跟我说："要不我献吧，反正一家人，怎么都算在你头上。"

我记得当时我还笑话她孩子气："你这么去了，公司的人还以为我是个胆小鬼，连献血都怕呢！"

"那又没什么，反正我在家里比较清闲，不像你，整天工作那么辛苦、那么累……"当天晚上她就炖了汤给我补血，心疼得不行。

献血的时候我想到这些事情，眼睛里就不由自主地涌上眼泪，之后还被同事嘲笑了很久，说我怕疼，抽个血就疼哭了。殊不知，我只是想起了让我心疼的人。

从前，妻子还总是对儿子讲："爸爸是家里的顶梁柱，赚钱最辛苦，所以你要好好读书，考上好大学，然后让爸爸享福……"现在看来，她才是家里的顶梁柱，她走了之后，家里就失去了往日的温馨。

我买好了夫妻合墓，等到我百年之后，和她葬在一起。我要求自己帮妻子的墓碑上描红，用红漆一笔一画地涂满凹槽："爱妻"。

从前，我从来没有跟妻子说过"我爱你"这样的话，毕竟是大男人，平时哪里说得出口，此时此刻我却觉得，除了“爱”，我真的不知道如何表达我对她的深情。

如果上帝再给我一次机会，我一定要天天对她说：“我爱你，我爱你，我爱你……”

我用我最真实的故事，告诉万千和我一样曾经忙碌到忽视家庭的男人，好好珍惜你的妻子，不要因为工作忙碌就忽略她，不要为了挣钱就总是出去应酬，不要用幸福来换取物质……要珍惜身边的爱人，不要对她的付出视而不见。

很多平时看起来不怎么起眼的东西，失去了才觉得珍贵。这句话谁都听过，但是，希望你不要切身体会，因为那时候就意味着，你已经失去了。

“十年修得同船渡，百年修得共枕眠。”好好珍惜你的妻子，她是全世界最懂你、最爱你、愿意为你倾尽所有的女人，最后，把自己都交付在你手中。夫妻之间的感情，是任何别的感情都不能相提并论的。

她永远都不会忘记爱你

我才发现我大概是天底下最失败的儿子，第一次喊娘，第一次共伞，竟然比别人晚了这么多年。

听村里的老人说，二十多年前，有一个很年轻的流浪女来到了我们村。她穿着破衣裳，提着破花布袋，脏兮兮地在街上晃悠，还不知羞耻地随地大小便。就因为她这样子，所以村里很多人都嫌弃她，朝她扔过菜叶、吐过口水，连小孩子都把她当作坏人来看。可不论怎么对她，她就是一直傻笑，却怎么也不肯离开这个村子。

我父亲年轻时迫于生计在石料厂工作过，还被铰断了左手，他岁数也比较大了，家里又没钱，只能一直打光棍儿。

我奶奶很精明，想了想，对我父亲说反正家里也娶不上一个好姑娘，那疯女人长得还行，干脆娶了她，等到以后生了孩子再把她赶走。父亲自然是不愿意的，可他思考再三也只能答应了，随便选了一个日子，就这么把她给娶进了门，还没花一分钱。

不久之后，我娘生下了我，奶奶多了个孙子，更是高兴死了，抱着我一刻也不愿意放下。

我娘很想抱着我，支支吾吾地求了奶奶好久，可是奶奶就是不让，生怕我娘一个不留神就把我给东碰碰、西磕磕的。所以每次一看到我娘想抱我，奶奶就特别凶地对我娘吼："不能抱！要是被我看到你偷偷抱他，看我不打死你，把你赶出村子。"

我娘隐隐约约地听懂了，吓得说不出话来，从那以后只能偷偷在一边看着我。小孩子都要喝奶，可无论我娘的奶涨得多厉害，我奶奶都不肯让她靠近我，也不肯让我喝她一滴奶，就这么一勺一勺地用奶粉喂着我长大。

我家本来就穷，更何况还多了我和我娘两张嘴，更是穷得没饭吃。没过多久，我奶奶下定决心要把我娘赶走，这样可以少一张嘴吃饭。

有一天，奶奶煮了好多的饭，然后还亲手给我娘盛了满满的一碗，有些难受地说道："家里实在太穷了，婆婆真的不知道怎么办才好了，你要是明白事儿，就去找一家有钱点儿的过日子吧。"我娘一口饭刚到嘴里就停住了，歪着头看着奶奶，支支吾吾地喊着"不要不要"。奶奶当时就沉下脸来，很凶地对我娘说："你也别不愿意，我是绝对不会让你留下的，收留了你两年已经不错了，吃完饭给我立马走，知道不知道，赶紧走。"我娘哭了起来，过了一会儿突然把碗里的饭分了一半出来，喊着："不走，不走，不吃，不吃……"

奶奶当时就愣了，有些不知所措，她知道我娘是说以后只吃一半的饭，我娘不想走。奶奶有些难过，可随即又板起脸来，说："别做梦了，吃完就走，以后找家好点儿的人家。"我娘饭都没顾得上吃，冲到奶奶身边想要抱抱我。奶奶考虑了一下还是把我给我娘抱了，可才抱了一会儿奶奶就把我从她身边抢走，担心我娘发起疯来把我扔了。

从我记事开始，我就知道我没有娘，小伙伴每次都围着我说我是没有娘的孩子。我不敢相信，问谁都没有个准信儿。小伙伴说我娘被我奶奶给赶走了，我着急地找我奶奶要，还骂我奶奶。那个时候我还不知道我娘怎么回事，我只是单纯地想她，想知道她还活着吗，她现在怎么样了。结果，我五岁那年，我娘回来了。

一天，小伙伴对我说我娘回来了，我的疯子娘回来了。我笑着跑了过去，父亲和奶奶也去看了。她依旧穿得破破烂烂，傻笑着，我娘不敢进门，就这么在家不远的一个地方落脚。有次我和小伙伴玩的时候，她手上拿了个气球努力找到我，有些痴傻地笑着喊："树儿，树儿，球，气球。"她急得把气球一直往我怀里塞，可我就是不愿接受，一个劲儿地躲。我想了这么久的娘竟然是一个傻子，竟然只会傻笑，只会丢人。小伙伴使劲嘲笑我说：“小树小树，看到了没，这就是你的疯子娘亲，哈哈你的疯子娘，哟哟哟。”我只觉得她丢了我的面子，一点儿都不想承认我有一个疯子娘，哭着边跑边说“我不要这个娘，她不是我娘，我娘才不是疯子”。可最后奶奶还是把她接回家了，奶奶终究年纪大了，做不到像当初那么硬心肠。

之后的日子里，我没有喊过她一句娘。我不得不学着接受我娘，但是每次看到她我都忍不住地吼她，忍不住地凶她。

家里依旧很穷，白养着我娘是万万不能的，于是奶奶准备教我娘干一些杂活儿，每次干活儿的时候奶奶都会让我娘在一边看，要是不仔细看的话就打，打到我娘认真看为止。

又过了一段时间，奶奶以为我娘已经学会了，可以单独去干活儿了，于是便交代我娘去割一些猪草。我娘果然很迅速地割了一堆“猪草”回来，奶奶看着那满满的“猪草”急得上蹦下跳的，那哪是猪草，分明就是一堆快长稻穗的谷子。稻田的主人找上门来，硬是说我娘割谷子是奶奶教唆的，奶奶当时就急了，狠狠地踹了我娘一脚，然后拿着一旁的竹条，一下又一下地打着我娘。我娘哭了出来，一直喊着“不要打，疼，疼”可奶奶还是无动于衷。最后还是稻谷的主人看不下去了，劝着奶奶说我娘是个疯子，也没必要再多计较，只要以后别再犯就行。看着我娘那样，我还是忍不住地鄙夷道：“果然是个疯子，连猪草和稻谷都分不清，真的是傻死了。”

奶奶狠狠地吼了我一句：“臭小子，你在说些什么，不管她怎么样还是你娘，你就是不能说她坏话。”我依旧嘴硬着：“才不是，我才没有这个疯子娘亲，我这么聪明她才不是我娘呢。”

这些话登时就惹恼了奶奶，又抄起竹条，重重地打在我身上，说："平时没有好好管教你，现在竟然连你娘都不认，翻了天了啊，看我不好好教训你。"我正以为会被奶奶狠狠地打一顿时，就看到我娘窜了出来，拉着奶奶的手，把竹条对着自己的胳膊打了起来，支支吾吾地说："打我，打我。"我当时就有些蒙了，我清楚地知道我娘是叫奶奶别打我，打她。奶奶看看我娘又看看我，手上的竹条无力地放了下来，嘴上嘀嘀咕咕地说着什么疯娘竟然疼儿子。

没过多久，我开始上学了，我爸被隔壁村的一个养鱼的请去看鱼塘，一个月好歹也能赚点儿钱补贴。奶奶也就这样带着我娘割些猪草，幸好在那之后没有发生什么坏事。

在我读小学的时候，有一次上课，天下起了雨可我却没带伞。意想不到的是我娘竟然带着伞出现在教室门口，她身上的衣服沾满了泥巴，可以看出来她这一路上摔了多少次跤。我娘站在窗户外面，使劲儿用目光搜索着我，等到找到我的时候，高兴得直跳。同学们看着站在窗外的她，纷纷笑了出来，尤其是那个叫范佳佳的，更是在我面前一直起哄，喊着："小树的疯娘喔，小树的疯娘在外面喔。"我当时就忍不住了，拿起放在桌子里的文具盒狠狠地砸了过去，范佳佳躲开了我的文具盒，然后尖叫着朝我冲了过来，把我扑倒在地上，重重地打了我好几拳。我本来打架就不行，这时候我娘从外面冲了进来，然后老鹰捉小鸡般地把范佳佳给拉了过去，任凭范佳佳怎么呼喊，怎么求饶也只是面无表情地把他扔在了一旁。

我不知道该怎么说，我的疯子娘，竟然在我被人欺负的时候，勇敢地冲了上去。她把范佳佳扔在一边后，没事儿人的样子，依旧和平常一样，弱弱地看着我，带着讨好的样子。我有些犹豫，可心里还是不住地翻涌，促使着我喊了一声“娘”。刚说出口就觉得很难为情，我娘站在一旁，似乎听懂了又似乎没听懂，欢欣雀跃着。

那天雨很大，回去的时候我第一次和我娘撑同一把伞，我才发现我大概是天底下最失败的儿子，第一次喊娘，第一次共伞，竟然比别人晚了这么多年。路上我和我娘都没有说话，就这样一路晃悠悠地走了回去。回家后，奶奶正在收拾着笋干，免得发潮。我有些兴奋地说着今天上学时我娘的表现，我说得兴奋无比，可奶奶听着听着脸都白了，嘴上骂着我娘不省心，迟早惹出大麻烦来，另一边又招人喊爸爸回来。

爸爸急匆匆地回到家，还没喝口水，就看到一群人拿着棍棒气势汹汹地闯进我家里，直接一通乱砸，锅碗瓢盆什么的通通不放过，带头的就是范佳佳的爸爸，其他人则是他请的。他凶狠地说：“你们有胆子欺负我儿子啊，现在我儿子被你们吓得出了毛病，还在镇上的卫生院里面躺着，医药费要一千块，你们要是拿不出来，看我会不会让你们好过！”

这些话刚一亮出来，奶奶就被吓得脸上全无血色，一千块钱对于我家来说无异于一个天文数字，要全家不眠不休、不吃不喝几年才能有。我娘站在我身后，有些害怕地看着对面一大帮人。在那个时候，我爸不得不站出来，他也只能做一件事，他夺过一个人的棍子，脸上涨得通红，一下一下地往我娘身上打下去。我娘觉得疼，一直在躲，可无论怎么躲，我爸手上的棍子总是能够落在她身上，那声音特别响，震得我耳朵都有些疼。我大概很久很久都忘不了这个场景，忘不了那棍子落在我娘身上的声音，忘不了自己面对这个场景时的无力。好在邻居看见情况不对，及时到了派出所然后说明情况。经过警察的调解，最后的结果是两边人都受到了损失，所以就这样算了，以后不要再提起。最后人走了，我爸默默地凑近我娘，我娘却下意识地躲开了，只见我爸眼里隐隐约约泛起泪水，说："孩子他娘，是我没用，是我对不起你，可我要是不打你的话，这件事就过不去了。"我娘有些听懂了，看着我咧着嘴笑了起来，说："没事，没……没事……"

我忍不住地在一旁放声大哭，我爸突然转过头来，说："树儿，以后一定要好好上学，只有努力读书然后找个好工作，以后才不会被人欺负啊。"我重重地点点头，我不想再让家里被人欺负了。

2000年的夏天，通过不懈努力，我最后以优秀的成绩考上了高中。可也是在那一年，奶奶去世了。自从奶奶去世，少了劳动力，家里的情况更加紧张了。当地的民政局将我家列为特困家庭，每月都会补贴我们家四十元钱，幸好我所在的高中也适当减免了我的学杂费，这样终于让我能够继续读下去，没有辍学。

学业紧张，家里离学校又很远，所以我很久才回家一次。家里没有闲钱让我在学校食堂吃菜，只能每次都送菜给我，让我在食堂买饭就着吃。而父亲还在替人守着那个鱼塘，于是给我送菜也就成了我娘的事了。上了高中之后，邻居家的婶婶都会提前准备好咸菜什么的，然后让我娘送过来。

整整二十公里的路，就是一个正常人也不见得能够很好地记得路，更何况我的疯娘。那么多次，那么多天，无论是刮风还是下雨，我娘竟然都能很好地把菜送到我的手里。我从来都不知道为什么她能够完成得这么好，如果真的要说，大概就是我们俩之间与生俱来并且伴随一生的东西——母爱。我至今记得，那是高三的时候，4月27日，按照惯例又该是我娘给我送菜的日子了。那天天气很好，我娘顺利地到了学校，给我送来了菜，还从兜里掏出十来个野桃子。桃子十分水灵，我有些奇怪，但是也没有多想，就这样直接吃了。桃子很甜，我连着吃了好几个，说："娘，这桃子真好吃。"我娘傻笑着，看起来很开心的样子，然后说是自己摘的，我看着她也呵呵地笑了起来。

那天我娘走的时候，我叮嘱着她好好回家，千万小心，她如小鸡啄米般地点头。可是就在第二天，一节语文课上，婶婶突然来到学校，然后把我喊了出去。婶婶一脸紧张地看着我，问道："小树啊，你娘昨天送菜了没有啊，怎么到现在还没有到家啊。"我很奇怪，按道理明明昨天我娘就应该已经到家了啊，怎么会没回家。然后突然想到了什么，说："婶婶，昨天我娘送菜的时候还给我送了好多个野桃子。"婶婶脸色当时就变了，向老师请了假，然后带着我回去，边走边说着，在来学校的路上有个峭壁，上面有一棵野桃树，树上就有很多的野桃子，我娘应该就是在那里摘的。

我心一紧，更是加快了脚步。过了一个多小时，我和婶婶到了长着野桃树的那里，树上有枝干折断的痕迹，树下是深渊。我有了不好的预想，紧张得说不出话来，婶婶带着我从小路下到了崖底，看见我娘静静地躺在那里，手上还紧紧握着几个桃子。

我仿佛被天打五雷轰般，就这么拽着她的衣服，摇着她，希望她能够站起来再对我傻笑，再支支吾吾地跟着我。“我的可怜的娘啊，儿子好后悔，不应该说那桃子甜啊，是我害了您啊，您都没享福啊，怎么可以就这样走了啊……”我紧紧抱着我娘，再也忍不住地放声大哭，哭声响彻整片崖底。

那一年的8月7日，就在我娘下葬后的第一百天，我终于等到了湖北大学的录取通知书。我很开心，更想把这个消息分享给一个人。我跑到娘的坟头，然后把通知书轻轻放在前面，说：“娘，你看到没有，你听到没有，儿子考上大学了，有出息了，您终于可以开心了。”

世界上最爱我的人去了

有父母的地方就是家，
家里永远会为我亮着灯，
照亮我前方的路。

长大后我总是四海为家，时常觉得漂泊无依，然而，无论是辉煌还是落魄，醒着还是沉浸在梦中，我的心中始终亮着一缕灯光，指引我找到正确的方向。生命终究有画上句点的时候，然而我心中的这盏灯却永远亮着，温暖我的灵魂。

十四年前，我初到巴黎，坐在宽敞的巴士内，车水马龙的大都市让我眼花缭乱。霓虹灯透过玻璃洒在我脸上，五光十色，热闹非凡，我却觉得前所未有的孤独。这个城市里到处都是陌生的。陌生的语言，陌生的面庞，就连空气都是陌生的。

除去身在异乡的孤苦，我更饱尝失去至亲至爱的悲恸，半个小时前，哥哥给我发来简讯，告诉我母亲去世的噩耗，一瞬间，我遍体通寒，好像坠入冰天雪地的南极，每一个细胞都被冻僵了。

从小就疼爱我的母亲，怎么就这样离开了我？这是不是也意味着，我失去了一个无条件爱我的人，失去了一个在我失落时可去的避风港，失去了我这辈子想要在她膝前撒欢的人……我朝着窗外，目光是涣散的，任由霓虹灯和广告牌从我眼前滑过，不多时，浸满眼眶的泪水就像汩汩流水一般滑落下来。通过玻璃窗的反射，我看到自己泪流满面的脸，眸子里透着疲惫和绝望。

这时，巴士开过街角，驶向郊区。四周不再是火树银花的景象，而是空旷冷寂的平地，路旁种着行道树，在车灯的照耀下显得冷清而寂寥。车灯的射程不远，没有光亮的地方就是黑洞洞的，像是巨兽张开的血盆大口。一簇一簇的低矮房朝后退去，房子的窗户上亮着橘黄色的灯光，温暖得像是一簇毛茸茸的软球……

车子颠簸了一下，又将我眸中的泪水颠出眼眶。透过泪水，四周的景物好似在旋转变换，就连路旁星星点点的灯光也变成一道一道的光亮，在我脑海中旋转跳跃。我好似坠入什么极其美好的梦中，不远处是老家的祖屋，窗户里闪着灯光，仿佛在指引我回家的路。

灯光下是瘦削慈祥的母亲，她脸上架着老花镜，手里拿着针线正在缝缝补补……我连忙擦了擦眼中的泪水，惊喜从天而降砸在我怀中，我张了张嘴想要唤她，呼唤我亲爱的母亲，她还在我身旁，还没有离我而去……

“小姑娘，下车了。”忽然，司机师傅叫了我一声，车已经到了终点站。

我如梦初醒，眼前母亲的影子也随风散去。我的母亲，你回来！求你了，别离开我，你回来！我悲痛欲绝，实在是不能接受母亲已经去世的事实。

即使是十四年后的今天，我依旧觉得母亲还陪在我身边。

时间过得飞快，转眼就到了圣诞节，我工作完下班回家，路上人烟稀少，我一个人凄凉地走着，其他人大概都早早地回家和家人团聚了吧。我紧了紧大衣，加快了回家的步伐。

雪花从天空洋洋洒洒地飘落下来，街边的霓虹灯像往常一样亮，灯光和雪花交相辉映构成一幅绝美迷幻的景象。不知道为什么，我的脑海里浮现出安徒生童话中的故事，那个卖火柴的小女孩儿蜷缩在冰冷的街角，点燃火柴想要索取一丝温暖。我抬头望了望光怪陆离的大都市，我置身于这样的浮华中却从未有过归属感，因为这么多盏灯中，没有一盏是为我亮着。

我不属于这里，我最终的牵绊在远方，在遥远的东方。然而现在，那个永远为我亮着灯的人已经去了，我成了一个没有父母的流浪者。

有父母的地方就是家，家里永远会为我亮着灯，照亮我前方的路。

我站在橱窗前，望着里面的圣诞树，圣诞树上挂满了礼物盒，树旁还有白胡子的圣诞老人。我就这么望着，望着，眼前的灯光涣散成光斑，我的思绪已经飘向远方，去寻找记忆深处的缕缕光亮。我恍惚中看见灯光下母亲长满皱纹的脸，双鬓斑白的头发让我心酸，可是她脸上慈祥的笑容能却抚平我心中所有的委屈和悲伤。

然而这些美好的回忆，在时光的长河中慢慢演变成不可触及的伤疤，稍微一碰就会痛。但是这段记忆同样也是心底最温暖的存在，在孤寂无助的时候让我不会那么绝望，尤其是像这样寒冷的夜里，我身旁寂寥无人，唯有记忆中的祖屋、灯光下的父母能够驱走我心中的无助，给我温暖和鼓励。

刹那间，我脑海里浮现出老家的样子，那是一座朝南的大宅子，是县城里最繁华的地区，宅子两旁种着两排枝繁叶茂的香樟树，每到夏天投下一簇一簇的绿荫。父亲说这宅子好，闹中取静。我还记得宅子里种了许多水果树，每到水果成熟的季节，就是我这个小馋虫最开心的时候，天天坐在树上直到吃饱为止……春天的花，夏天的蝉，秋天的果，冬天的雪都成了我记忆中的美好。然而，最刻骨铭心的还是父母房里的灯光，透过雕花的窗栏，恰似一幅水墨丹青，温暖得好像冬天里的阳光。父母房里的灯光包含了太多往事，凝聚了二老对我无尽的关爱。

我还记得大学毕业后被分配到偏僻的山村里教书，很少有回家的机会，每次都是父母大老远地来看我，总是大包小包地带许多东西，生怕我冻着、饿着。我也不定期回家探望，每次到家都已经是夜深人静的时刻，习惯早睡早起的母亲还没有睡下，她屋里亮着灯，灯光透过窗户照出来，点亮我回家的道路，一路舟车劳顿带来的疲惫顿时烟消云散，长期在外漂泊的心也瞬间被温暖。

这里是我的家，有爱我的人，也有我爱的人。

然而现在，爱我的人去了，我爱的人也不在了……不知不觉，我的眼泪无声地流下来，我扭过身继续往前走，假装是风雪飘进了眼睛，抬起手揉了揉。我从指间的缝隙中看见对面的大楼，家家户户的窗户都亮着灯，我的心口一阵刺痛，疼得无以复加。我加快了脚步，好似逃离一般地往家里走，但是我家里也已经没有了那盏为我亮着的灯，那里也同样是个冰冷无情的地方，但好在没有旁人，我可以大大方方地哭出来，不须假装不在意、不难过。

时光如水，这么多年悄无声息地过去了，我最敬爱的父母已化为一抔黄土，永远地在我生命里消失。

我曾经也回过老家，那里已经发生了翻天覆地的变化，从前郁郁葱葱的香樟树不见了，古色古香的老屋也被夷为平地，重新建起的高楼大厦莫名让人觉得冷酷。我在老屋的旧址前久久伫立，恍惚间耳畔响起从前岁月中的欢声笑语。

我长长地叹了口气，夹杂着无限的惆怅和哀伤，这是一个家族的衰落，同时也是古老文化的消亡……我回身之际，恍惚看见老屋的大门被打开，母亲站在门槛上向我招手，让我快些回家，瞬间，心口好似受到一阵痛击。

在父母垂暮之时，我远在国外。他们躺在病床上遥望着远方，盼望自己的孩子能够回国，想见孩子最后一面。事实不尽如人意，被病痛折磨得不堪一击的身子实在是抵不过死神的催逼，他们带着满心的失望和遗憾过了奈何桥，喝下一碗孟婆汤，将红尘往事忘得一干二净。

然而他的孩子，带着一身的风霜回到老家，只能看到二老冰冷的墓穴和已经泛白的照片。

熟悉亲切的祖屋没了，魂牵梦萦的灯光熄了，心心念念的至爱亲人也去了……

那时候我总算切身体会了世间最痛苦的事情，“树欲静而风不止，子欲养而亲不待”。我从前那样拼命地生活，不过是为了孝顺抚养我长大的父母，而今物质是有保障了，父母却永远也回不来了。

每每思及此处，我的眼泪都不受控制地从眼底涌上来。

浮云流水，过眼云烟，这世间的繁荣浮华不过是一场美梦，梦醒了之后还是要回到真实的生活。然而生活中，最为暖心的不过是父母、亲友的爱，只有爱是一切的救赎，也只有爱才能带来温暖和光明。

父母给我的爱像是种在我心底的一棵幼苗，我会用血液灌溉，它不会因为父母的离去而枯萎，只会越长越茂盛。同时，记忆中祖屋的灯光依旧明亮如初，能照亮我回家路。

有些爱永远都不会重来

在北京的那段时间我体会到什么是思念，
我心中牵挂着在远方的母亲，
盼望着能和她相聚，
盼望着能吃她做的饭。

我家在河北一个穷乡僻壤的小山村，父辈都生在解放前，那一辈所受的艰辛是我们无法理解的。

那时候还有点儿重男轻女，所以作为男孩子的我一出生就给家里带来了欢声笑语。那时父亲在北京工作，母亲和三个姐姐在河北老家，家里没有男丁，所有的重活、累活都要靠母亲去完成，更何况家里还有一个比较厉害的爷爷。

我还记得有一天过节，父亲从离家二十公里远的火车站背着米、面还有白糖走回来，那时候母亲正在地里忙活，没有一点儿空闲的时间。就连八九月份的三伏天气里，太阳能将地里烤得冒烟，母亲也要吃过午饭就去山上割草，然后回来喂家里赖以生存的老牛。她娇小瘦弱的身躯背着一大筐青草，脱下衣服一拧，汗水就稀里哗啦地流下来。

我站在一旁看着，不敢想象这么多、这么重的农活她是怎么完成的。

随着我一天天长大，我也开始帮家里干农活，周围的父老乡亲都夸我懂事。当我亲眼看见辛勤劳作的母亲时，至今都还记得那种心痛，那种心酸。

那时正好是课间休息，我在教室外的平地上玩耍，看见母亲背着比自己大几倍的草杆子回家，她头发有些乱糟糟的，上面还沾满了叶子，脸上也被划出了一道一道的红印子，腿也一瘸一拐的，手里拄着一根树枝。我就那么呆呆地望着，有泪水在眼眶里不停地打转，我用力地捏紧自己的拳头，指甲陷进掌心里，愣是没有让眼泪流出来。

那一幕深深地刻在我脑海里，让我至今都记忆犹新。

从那之后，我每天放学回家都会背着和我一样高的背篓去割草，去捡树叶……我还用竹子做了一个小扁担，每天去离家一千五百米远的井挑水回家，刚开始没有经验，两桶水晃到家里时已经所剩无几，我只得多跑几趟，肩膀磨出了血印子，脚上也起了水泡，我的姐姐们都心疼我，看着我这么卖力地干活，只能把自己碗里的好吃的多给我些。

我晚上连衣服都不敢脱，就怕她们看见那触目惊心的伤痕会心疼得哭出来。

大概就是在那时候，我一夜长大。因为老家的环境不好，所以庄稼的收成自然也不好，每次父亲带回来的米面都不够吃，母亲就会把自己那一份省下来给我吃。当时白米饭、面疙瘩什么的也只有逢年过节的时候才能吃上一次，平时想都不敢想。

我还记得有一年夏天，母亲和二姐出去干活，很晚都没有回家，我和大姐、三姐坐在院子里等她们回来，油灯在风中不住摇曳，最后为了省点儿灯油，大姐把油灯吹灭了，我们就在黑暗中等了一夜。

第二天一大早，天还没有亮，雨下得好像是谁舀了一盆盆水在泼似的，大得吓人。大姐不放心，一大早就出去打听了，我和三姐站在门口焦急地张望，忽然望见雨帘里有一抹熟悉的身影，赶忙慌里慌张地冲过去。

大姐和母亲正推着一辆板车，板车上盖着塑料薄膜，能看得出里面躺着的是二姐，我们手忙脚乱地把二姐抬到家里去，被雨浇得湿淋淋的母亲一边抹眼泪一边说："二丫头上树去掰树叶，不小心从树上摔下来，摔断了腿！"母亲借了个板车把二姐拉到医院里治疗。

晚上我看见母亲把家里压箱底的钱都拿出来了，她坐在床上数钱，一元的，五毛的，一分的……灯光照在母亲夹杂着白发的头上，我看着心中酸楚无比，扭身走到外面。雨停了后是阴天，一点儿风都没有，闷热得厉害。

尽管生活总是紧巴巴的，但也不是没有一丝乐趣。随着我们的长大，母亲脸上的笑容也多起来，大概，我们就是她唯一的寄托吧。

有一次我肚子疼，母亲带我去村里的土医生那儿看病，第二天又连忙借了一辆自行车载着我去县城里看，我见她凝重的表情，心中没底，说：“妈，我是不是病得很重？”

她摸了摸我的脑袋，笑着说：“没事儿，吃点儿药就好了。”听她说没事儿那一定是没事儿，我把心放回肚子里，回家时看到路边有人推着车子卖包子，那香味简直把我肚子里的馋虫都要勾出来，我不管不顾地跳下自行车，赖在包子摊边不走了。

母亲望了望我，为难地捏了捏自己干瘪的口袋，见我非要吃，勒紧裤腰带买了几个。那包子真好吃，香喷喷的，我吃得津津有味，举起来递到母亲嘴边，说：“妈，你也吃！”

“妈不饿，你吃。”她见我一脸满足，脸上也带着笑容。

我一定要她吃，她只是象征性地咬了一点儿，尝了个味道就怎么也不肯吃了。我望着她，忽然意识到自己是多么不懂事，拿着包子也不再吃，只是说饱了，拿回家给三个姐姐尝尝。

长大后，我每次看见包子都会想起这件事情，包子也不再是什么稀罕的东西，但我喜欢慢慢地品尝，就像咀嚼母亲灌注其中的关爱似的。

那一年秋天，我上四年级。山上的叶子黄了，洋洋洒洒地从枝头飘落下来，有种说不出的惆怅。就在令人伤感的秋天里，我要离开自幼长大的小山村，离开慈爱的母亲，离开疼爱我的姐姐们，去北京上学了。

因为我读书成绩不错，又听话又懂事，父亲觉得待在小山沟里不会有出息，执意要把我接到北京去读书。

母亲也希望我能够出人头地，忍住心中的不舍，忙不迭地帮我收拾东西，我看见她一边收拾一边在偷偷抹眼泪。

第二天天还没亮，我就走了，母亲送我到车站，那一路变得很长很长，沉默在我们之间蔓延，谁都没有开口讲话。我有一口气哽在喉咙，好似一开口就要爆发出来。

到了车站母亲才开始叮嘱我："要好好读书，知道吧？不要想我，有空就回来看看……"

"嗯！嗯！"我不停地点头，她继续絮絮叨叨地说着，亲切、熟悉的声音在耳边响起，心想着以后再也听不到了，心中的离愁再也憋不住地涌出心头，我哇地一声哭出来，扑到她怀里死死抱住她，怎么也不愿意上车。

"妈，我不去，我不想离开你！"我嚷嚷着。

"乖，听话，你要离开小山村才能有出息！知道不？答应妈妈，要好好念书！"车子要开了，妈妈一个劲儿地把我往外推，硬生生把我塞上车，车门合上的那一瞬间，眼泪就像是溪水一样从她眼眶里流出来。

车子往前开，她迈开腿追起来，后来追不上了，就那么站着，望着车，直到我消失在她的视线里。

我一直没敢忘记母亲让我好好读书的话，到北京之后我拼了命地赶上城里的进度，还好我脑子聪明，很快就从拖后腿变成中上游的成绩。父亲说我瘦了，可能我把心思都花在学习上，没怎么吃东西。

每个礼拜我都会给母亲写信，鸡毛蒜皮的小事都会说，还会让她照顾好身体，不要那么累，也会问三个姐姐好。在北京的那段时间我体会到什么是思念，我心中牵挂着在远方的母亲，盼望着能和她相聚，盼望着能吃她做的饭，盼望着能看一看家乡的风景，老家尽管比不上大城市的繁华，却在我心中永远地占着一席之地。

我盼星星盼月亮，终于盼到了放假，我即日启程要回老家看母亲，但是父亲工作很忙，没有时间送我回去，而且回老家没有直达车，要到石家庄转车才行，哪怕回家遇到了困难却没能让我放弃，我坚持要回去。

临走的那天早上我吃了很多饭，父亲看着也高兴，因为在北京的那段时间里，我是真的瘦了。

在火车上耗费了两天时间，我终于到了县城的火车站，终于见到了心心念念的母亲，我连行李都没来得及提就扑上去抱着她。

她也抱着我，摸我的头，问我想她了没有。

我记起她让我别想她，所以就调皮地说：“不想！”

“小没良心的！”她刮了刮我的鼻子，牵着我的手往家里走，一边走一边问我在北京的事情，问我的学业，问父亲……

到家的时候天已经黑了，三个姐姐还没有吃饭，一直在等我和母亲回来，到了家母亲就让我坐着，什么都别动，然后自己忙前忙后地给我做好吃的。

吃完晚饭我们又坐在院子里聊天，我跟她们讲城里的事情，她们跟我讲村里谁结婚了，谁的孩子考上了好高中……一直到我睡觉前，母亲都一直看着我，一刻也没有离开。

我能明白她的那种爱，就像我离开后对她浓烈的思念一样。

在家里的那段时间是美妙无比的，但是美好的事物总是难以留住，很快就到了开学的时间，我要回到北京了。

父亲来信说他要出国一段时间，我在北京没有人照顾，希望母亲和姐姐能够一起到北京去。

姐姐说："妈，你和弟弟去吧，我们都长大了，在村里大家都认识，没有什么问题的。"

母亲虽然对姐姐们也不放心，但是相比之下，年纪最小又在一个陌生城市读书的我更加让她不能安心，最终在姐姐们的劝说下，还是决定和我一同到北京。

就这样，我在母亲的照顾下顺利读完初中，那是我人生中最开心的日子，不用看着母亲像老牛一样务农，还能每天吃到她做的饭，和她聊天，晚上和她一起散步。

之后的生活也渐渐好起来，没有从前那么辛苦。

等我初中毕业，母亲无论如何都要回到乡下，大概是我上了高中，人也大了一点儿了，她想回家看看姐姐们，都是亲生的孩子，手心手背都是肉，她不能总是那么偏向我。

她说："虽然小山村比不上城里，但那里是我的家，我放不下那个家啊！"因为母亲要回去，我舍不得她，最终决定和她一起回到老家，在县城里念高中，虽然不能每天都和母亲在一起，总比远在北京好得多。

高中的时候我是住校的，每个月回一次家，回家的时候老远就能看见母亲站在村口等我，我笑着说：“妈，我又不是不知道路，你不用每次都这么站着等我。”回去的公交车时间不定，母亲为了能够接到我，总是很早就去等着。

“你这个臭小子，想得倒是美，我可没等你，我在等张家大婶呢！”母亲从来都不承认是在特意等我，总是能找出各种各样的理由搪塞我。

有一天她望着我说：“你长大了。”

听到这样的话，我很高兴，自幼我就想快点儿长大，然后为她遮风挡雨。

就这样过了几年，我考上了天津的大学，那时候姐姐们也都相继出嫁了，我因为读书也要离开小山村，家里只剩下母亲一个人。父亲提出要把她接到北京去住，她一口拒绝，坚持要在村里独自生活。

那时候生活也渐渐好起来，不需要她每天干农活儿养家糊口，但是她闲不下来，留了一亩地种着玩，权当是生活乐趣。其实我心里比谁都清楚，母亲知道我喜欢吃她做的菜。

好在天津离老家并不远，我基本上和高中一样，每个月都能回家看她一次，母亲也和从前一样会站在村口等我，风雨无阻。

很快我就要大学毕业了，因为成绩优异被一家跨国公司看重，给我提供一个去澳大利亚工作、学习的机会，如果做得好，就可以留在大企业了。

母亲说："你有出息了，也有自己的一片天，母亲不能拖你的后腿，你不要牵挂家里，飞吧！"

很快签证就办下来了，母亲和父亲帮我收拾东西。家里的气氛莫名地沉下来，就像好久没下雨的闷热天气。

二老默默地做着事，我站在一旁看着他们，前所未有地不知所措。

这确实是一个难得的机会，能留下来工作是最好的，但是到时候能不能回国工作就得服从公司安排，我做不了决定。

我望着二老佝偻的身躯，恍然间才发现他们已经是双鬓斑白的老人家了，再也不年轻了，工作是好的，等到我真的飞黄腾达供他们安享晚年的时候，又还能陪他们多长时间呢？

"爸，妈，我不去了。只要有能力，在哪里都是一样的，换一家公司也可以的！"我笑着说。

这句话正中他们的下怀，两人顿时就笑开了花，父亲赶忙将装进行李箱的衣服往衣柜里挂，母亲则站起身往厨房里走，说："我去煮饭！"

我很快就完成了毕业答辩，正式踏入社会。我准备回老家工作，这样能好好地陪陪母亲，但是她坚决反对："你是大学生，在山沟沟里能有什么出息？去北京，你爸爸也在那里，正好能照顾着点儿你。"

在母亲的坚持下，我去了北京工作。稳定下来后我提出要接她过去住，她说我事业才刚刚起步，不想去拖我后腿。几年过后我娶妻了，我和妻子关系很好，十分恩爱，她知道我一直牵挂母亲，也提出让我把母亲接过来。

这一次，母亲还是拒绝了，她说家里的房子小，不想来打扰我们夫妻生活，不想拖累我。

直到妻子怀了孕，我也买了一套大房子，在妻子坐月子的时候母亲过来照顾她，也好好看看自己的宝贝孙子。母亲像是照顾我和姐姐一样照顾孙子，也将我妻子照顾得很好，我想我何德何能，有这样一个伟大的母亲。

儿子渐渐开始长牙齿，是个调皮捣蛋的小子，成天在母亲怀里不老实，有时候咬咬她的脸，扯扯她的头发。母亲总是笑眯眯地说："不疼，奶奶一点儿也不疼！"然后亲亲儿子的小脸蛋。

我和妻子想带母亲在北京逛一逛，玩一玩，也吃吃大饭店里的菜式，母亲嘴里答应得好好的，出发前总是又不去了，说外面的菜贼贵，以后用钱的地方多着呢，别大手大脚的，省着点儿花。

我们知道母亲是在替我们节约，可是她吃了一辈子的苦，我们也希望她能够享享清福。

在儿子满周岁的那年，母亲总是吆喝背疼，我们连忙带着她去医院看。结果晴天霹雳，她检查出患有肺癌，已经是晚期了。

原本简单、幸福的生活就这样被打碎了，我只觉得自己的世界发生了洪涝灾害。

母亲却不以为意地说："没事，我辛苦了一辈子，身体倍儿棒，什么病都能好。”我们知道母亲是在强颜欢笑，不想让我们担心。

医生给母亲做了肿瘤切除手术，虽然不能根治，好歹能让母亲多活几年。在住院的那段时间，我们都偷偷地把药瓶上的标签撕掉，说：“妈，这是国产的药，比进口的便宜，你别心疼。”

我总觉得母亲什么都知道，她只是不想让我们担心，所以假装不知道而已。

在医院里住了一阵子，她说受不了医院里消毒水的味道，臭得很，比不上家里，所以执意要出院。出院前她从枕头底下拿出一个塑料袋，里面全是这段时间应该吃的药，说：“我每次都是假装吃，其实手里什么都没有，你拿去把药退了。”

她见我们震惊和心痛的样子，连忙安慰：“我见你们几个孩子这么孝顺，这辈子也算是值了。现在孙子也抱过了，儿子女儿都有好归宿，没什么遗憾的了。癌症我也知道，治不好，反正都是要死的，还不如给你们省点儿钱。”

大概是老一辈都有叶落归根的情怀，母亲执意要回老家，那时候她的身体已经快不行了，整个人都瘦成皮包骨。

回到老家正好是正月十六，我们用担架把母亲抬到床上，她望着熟悉的家，望着在床边围了一圈的孩子，眼中闪动着泪花，脸上却挂着慈祥满足的笑容，缓缓地闭上眼睛。

母亲就这么永远地离开了我们，但她却永远活在我的记忆里，在我遇到困难的时候给我鼓舞，让我热爱生活，感受生活中的快乐和痛苦。

好好珍惜这种无私的爱吧，因为这种爱永远都不会重来。

好在我和母亲三十几年的缘分里，我努力争气，爱她、孝顺她，没有让她失望。

五个捡来的孩子和一个家

张宝仙听着老两口儿的对话，
张口咬住手臂
才没有让汹涌而来的哭泣发出声音。
老两口儿沙哑糊涂的声音是那样悦耳动听，
胜过所有美妙的音乐。

随着时代的发展，金华的古城墙坍塌在挖掘机下，淹没在时间的长河中。然而，古婺城里的许多名胜古迹还留在人们的脑海里：明月楼、八咏楼、兰溪门……估计已经少有人知道，迈过徒有虚名的兰溪门，还有一个风韵犹存的五里亭，它是一座独立的小院，没什么名气，也不显得荒凉，但是在五里亭里发生的故事，却不会因为时间流逝而褪色。

1

1988年的严冬，张宝仙站在门槛上望着院子，阳光洒在斑驳的青瓦上，古老的石梁透着别样韵味。她站了一会儿，端着盆子往院子里走。盆子里装着满满的破衣服、麻片、女人的胸罩……黑漆漆的水从破盆子里流出来，蜿蜒成细小的溪流……

张宝仙走到一棵树前，那里牵了一条麻绳，专门用来晾捡回来的破烂儿。

“爸，妈，回家吃饭啦！”听到车轱辘的声音，张宝仙连忙放下手中的东西，大声喊着，声音跳过破旧的围墙传到外面。

此时正有一辆破旧的童车朝着巷子里面驶来。车子是由两个木轮子、两根木头简单组装出来的童车，上面乱七八糟地用木板和报纸垫着。就靠着这辆破车，这一大家子人熬过了多少风霜雪雨，熬过了多少艰辛苦难。

楼小英坐在童车上，左手抱着一岁的方方，右手抱着两岁的圆圆，身旁分别坐着八岁的莹莹和五岁的菊菊。楼小英坐在童车的中间，像是巾帼英雄一般，虽然脸上布满风霜和皱纹，但是却有着一般妇女没有的凛冽气质。

拉车子的是张宏斌，他如同老牛一般弓着腰背，粗壮的麻绳陷进他的肩膀，勒出一道深深的痕迹，掌心的皮肉也因为过度用力而泛白。他像是老牛一般喘着粗气，脸上却带着异常的兴奋和满足。

张宏斌原本是个石匠，他十六岁的时候就出来打工，在一个建筑工地上做师傅，后来因为看不惯工头欺负弱小的种种劣行，他为人强出头后丢了饭碗。他从一个石匠师傅沦落为普通的打石匠，帮别人打石柱、打石门坎……就这样艰辛地维持着生计。

他的生活是那样的枯乏无味，每天周而复始地做着苦力，直到楼小英流落到张宏斌所在的安城，两人的生活都发生了翻天覆地的变化。

那时候楼小英丧夫，四十岁的年纪成了寡妇，她沿路乞讨来到安城，浑身脏兮兮地蜷缩在角落里，路过的张宏斌看见可怜的女乞丐不由得心酸，将他手里端着正要吃的热汤面一股脑儿地倒进楼小英的空碗里，重重地叹息一声离开了。

一直在安城里乞讨的楼小英始终忘不了那个孤独的汉子，四十三岁的张宏斌打石匠的工作也泡汤了，过得穷困潦倒，但是楼小英并没有嫌弃他，义无反顾地跟他扯了结婚证。

拖着童车进入巷子的张宏斌听到了张宝仙的呼唤，他吆喝一声:“回家咯！吃饭咯！”然后重重地叹息一声，这一声叹息细而绵长，好似长到了十六年前的岁月里。

那时候张宏斌正在火车站捡破烂儿，一个尖利而沙哑的女婴哭声吸引了他的注意，他远远地望着被抛弃在路边的女婴。

周围的旅客都视而不见，从女婴身边走过的步伐是那样无情，天色灰蒙蒙的，在那样寒冷的天气里显得愈发悲伤。

张宏斌晃了晃身体，想要放下手中的破烂儿，但是他犹豫了。他看着自己粗糙肮脏的手、干瘪的肚皮，他哪里还有多余的功夫抚养一个孩子……但是女婴的哭声是那样凄厉，已经转身离去的他实在是没忍住，倒回去将女婴抱在怀里，那个孩子就是院子里的张宝仙。

张宏斌伸手将孩子抱起的那一刻，就是她的生日，到今天刚好十六年。至于十六年之前的日子，就从亲生父母将孩子抛弃的那一刻起，永远地埋葬在无情的岁月里吧。

没过多久，莹莹来了……

一年之后，菊菊来了……

张宏斌还记得，捡到莹莹的那天正是大雪纷飞的严冬，百货商场的橱窗上结了一层厚厚的霜，张宏斌戴着捡来的破帽子在街上捡破烂儿，雪融化了，润湿了他已经破败不堪的补丁大衣。

莹莹就被抛弃在百货商场外的台阶上，风吹得她面色发紫，小娃娃已经没有生气，连哭都忘了……

张宏斌远远地站着，实在是没有勇气走过去，家里抚养了张宝仙，真的没有多余的能力再抚养一个孩子。雪越下越大，他听见橱窗里的摆钟不知疲倦地摇晃着，时间就那么一分一秒地过去……

他没有离开，就那么定定地站着，望着那个孩子……

这时又一个乞丐走过去，抱着襁褓中的孩子左翻一下，右翻一下，倒腾了一会儿，有一个信封从孩子的襁褓中掉出来，乞丐拿了信封里的两块钱扭身就走。

张宏斌再也忍不住，忙不迭地跑过去将孩子抱在怀里，掀开破旧的大衣裹住她已经冰冷的身体，奄奄一息的孩子在他怀中显得那么脆弱……

为了纪念这个下雪的日子，张宏斌给孩子取名叫莹莹。

张宏斌一家子就住在五里亭，这些尘封了二十二年的旧事就像是一坛老酒，经历时间的打磨变得香醇。五里亭的建筑亦是如此，经历了拆迁、翻新、坍塌重建……青石地板上的每一块裂痕都有着时间的韵味，别样的芬芳。

现在已经六十七岁的老父亲和六十四岁的老母亲，依然用自己干瘪的胸膛，温暖女儿们的心……

后来，方方来了……

接着，圆圆来了……

楼小英就是会吐丝的春蚕，无私地抚养着家里的孩子。

每天凌晨三点，老两口儿就起床去火车站捡破烂儿，从前只是捡塑料瓶、破铜烂铁、旧报纸之类的，到后来生存压力越来越大，他们连破布、骨头、玻璃、麻片、旧鞋子等东西都要捡回家来，只要有一丝一毫的利用价值，他们都不会放过。

老两口儿要捡到下午三点才回家，捡破烂儿的收益不稳定，最好的一次捡到了半斤黄铜，卖了不少钱，一般来说，他们一天也就能捡三四块钱的破烂儿，这些钱用来买粮买菜，若是有点儿多余的就给孩子买奶粉、买糖吃。

他们用自己的心血来喂养孩子，尽管遭受无数人的指指点点、白眼和闲言碎语，但是他们都不在乎。比起晚上方方哭闹，圆圆拉屎撒尿，孩子们上床下床，被子冷了热了……那些闲言碎语算不得什么。

那是真正做父母才有的情怀。当报纸上出现一个老妇人的脸，人们才愕然发现她只是一个捡破烂儿的，但是她却有伟大的母爱。

2

后来圆圆病了，高烧到四十二摄氏度，脸上还长出几个恶疮。楼小英急坏了，捡破烂儿的贱命哪里敢生病，根本没钱医啊！

“宏斌，咱们把买油的十块钱先拿出来给圆圆治病吧，这可是命啊，错过了就回不来了！”楼小英哑声道。

张宏斌翻箱倒柜地找出一张皱巴巴的“大团结”，颤颤巍巍地递给老伴。张宝仙背着圆圆去医院，老两口儿互相搀扶着跟在后面。

圆圆打了几支青霉素后病情有所好转，休养一段时间也就痊愈了。

但是圆圆的这次重病，让张宏斌意识到一件很严重的事情——五里亭没水。他们平时喝的用的水都是从一口臭水塘里取的，加上吃了捡来的死鸡肉，怎么会不得病。

晚上，张宏斌躺在床上琢磨着要挖一口井，他絮絮叨叨地念着，楼小英听见了，点点头也赞成：“是要挖口井了，不然孩子指不定还要病几个呢……”

“可是，这井谁来挖呢？”

这个问题一直困扰了老两口儿好几天，无意间被洗衣服的张宝仙听见了，她卷了卷袖口道：“爸，妈，别着急，我现在力气大，我来挖井！”

在一旁玩耍的莹莹和菊菊也加入“战局”，两人都兴致勃勃地说：“我也可以，我可以搬石头！”

“我可以搬泥土！”

说干就干，一大家子人在五里亭挑了一个好地段，然后就热火朝天地挖起来。

在夕阳下，几个人的身影在枯草中显得充满生机和活力，他们挥舞着手里的锄头、铁片、破脸盆……一下一下都昭示着新的篇章。

莹莹手里抱着泥土飞快地跑着，将它丢到远离探井的地方，她一边跑一边咯咯地笑，清脆的声音像是铃铛，飘散在夜风里……

菊菊像是个小大人一样，当他们在井边干活时，她便看着方方和圆圆……

张宝仙生了一张好看的脸，眉清目秀，此时面庞上挂着汗珠。她一边用力地挥舞着锄头一边想，如果这口井挖成功了，我们就有干净的水喝了，那时候一定要痛痛快快地洗个澡、换身干净衣服……

她忽然觉得有点儿感伤，大概是想起前些天听过的一个久别重逢的故事。一对母女走失了十八年之后相认，重逢的喜悦在人们之间口耳相传，成为令人羡慕的佳话。当她听到这个故事时泪流满面，一边走一边哭，一直哭到家门口。

这样的故事，多多少少会勾起她不为人知的心事，小时候她无数次地梦见自己找到了亲生父母，他们有着良好的家室，穿得体面，找回失散的她后倍加珍惜，将她捧在掌心当作公主一样宠爱……她在梦中不停地哭泣，泪水将破旧的棉被打湿……

后来，张宝仙醒了，听见隔壁房间的老两口儿还在唠嗑。

“宏斌，你听听，是不是宝仙在哭？”

“唉，这可怜的孩子，自小就这么苦命……现在长大了，我们也该替她谋划谋划了……”

“谋划什么？”

“孩子长大了，也该让她去学点儿手艺，总不能真的跟着我们一辈子捡破烂儿吧？我们受的白眼还不够多吗？”

“也是，孩子长大了，已经出落成亭亭玉立的大姑娘了，将来还要找个好的婆家……”楼小英说不下去了，她忍不住啜泣起来，“可是这孩子是我看着长大的，一下子离开，我这心里怎么觉得空荡荡的……”

张宝仙听着老两口儿的对话，张口咬住手臂才没有让汹涌而来的哭泣发出声音。老两口儿沙哑糊涂的声音是那样悦耳动听，胜过所有美妙的音乐。然而她的亲爹亲妈，只是给她生命的人而已，她张宝仙是捡破烂儿的老两口儿养育大的，今生今世都是他们的女儿！

第二天，张宝仙更加卖力地挖井，她像是为了回报老两口儿的养育之恩，锄头下去得更加深了。就这样，她挖了八天，细小而清澈的水从土里冒出来，她惊喜地尖叫，嘴里欢呼着：“爸！妈！出水啦！出水啦！”

长得美若天仙的莹莹也拍起手来，她扭过身欢快地跑去找张宏斌，嘴里也喊着：“爸爸，妈妈，姐姐说挖出水啦！你们快去看呀！”莹莹耳朵上戴着两个塑料耳环，随着她快速的奔跑一甩一甩的，像是能够感受主人的喜悦。

楼小英从屋里出来，她笑了，笑着笑着，泪水从混浊的眸子里流出来，浸满脸上的沟沟壑壑。

已经是小老头儿的张宏斌听到莹莹的喊声，好似一下子变回小伙子似的冲到井面前，看着冒出来的清水，眼睛也不由自主地湿润了。他扭过头看着立在远处的泪流满面的楼小英，大声喊道：“老婆子，这么开心的时候你哭什么啊！赶紧把家里的那个油漆桶拿过来啊！”

“好好！”楼小英用破了的袖口擦了擦眼泪，不知道是不是因为过于激动，整个人都在不停地颤抖。

张宝仙见她那样子，赶忙往家里跑，说：“妈，我去拿，我知道放在哪里！”她想起来张老汉前些日子捡了一个油漆桶，原来是想装水用。他在油漆桶两边打上了两个孔，然后弄根麻绳穿上系好，这样就能提水了。

菊菊和方方也在满地跑，欢呼着跑回家里拿碗舀水：“有水了！有干净的水喝了！”

喜悦蔓延在五里亭的所有角落，张老头儿一家沉浸在幸福中。

3

五里亭的故事就这样传开了，许多好奇的乡亲们都过来看。

这日，天下着毛毛雨，老两口儿早早就出去捡破烂儿了，张宝仙也被送去做学徒，家里只有八岁的莹莹和五岁的菊菊，她们两个一起看着两个小妹妹，方方和圆圆。

三个妇女结伴来五里亭看看，她们站在门口时正好瞧见莹莹和菊菊摇着摇篮，摇篮里的方方和圆圆正熟睡着，有一瓶奶挂在摇篮上……

妇女们看见这一幕不由自主地湿了眼眶，当过母亲的人一定有切身体会，这正是伟大的母爱啊！

她们怔怔地站在门口看了很久，很久，走之前留下了奶粉和白糖，还有一大蛇皮袋的旧衣服。

从那之后就有很多男女老少来五里亭看，悄无声息地来，留下衣服和奶粉等日用品又默默地离开。

五里亭的故事越传越广，知道的人也越来越多。

有一年年末，五里亭又来了几个二十出头的年轻姑娘，她们是读护士学校的准护士，即将要在医院里实习了。其实，课本里并没有献爱心这一课，但是她们还是带着二十五个热馒头来到五里亭，探望这里住着的老老小小，希望能为他们奉献一份爱心，温暖他们的心房。

后来，五里亭还来了一位画家，为张家老小画了一幅全家福，这幅画还在全国获奖，有人说："这幅画里装着人类所有的善良、奉献、无私的美德，还装着世界上最伟大的爱。"

还有一位摄影师给他们拍照，大家按照长幼顺序站好，摄影师大声说：“来，笑一个，就跟你们平时一样，开心地笑起来！”

那张老照片后面写着一行字：“我们用最古老的传统方式，跪下叩首，向两位伟大的父母磕一个响头——无私的父母啊！伟大的爱啊！”

我为弟弟哭六次

那一年小弟七岁，还是个孩子，我十岁了，是个懦弱的姐姐。许多年后，我都忘不了他为我挡荆条，然后满身伤痕的模样。

小时候家里穷，父母都是起早摸黑的农民，有俩孩子，我和比我小三岁的小弟。

那时村里流行踢毽子，我看得心痒痒，见父亲把零钱放在抽屉里就偷偷地拿了三毛。放学回家见父亲黑着脸坐在门槛上，我吓得连忙把毽子往裤兜里塞，低着头不敢说话。

“抽屉里的钱是谁偷的？”父亲连声质问，见我俩都不说话，气冲冲地扬起荆条，“那我就打到你们承认为止！”

眼见荆条要落下来，我哆嗦着缩脖子，闭上眼睛等待疼痛的降临。小弟一把抓住父亲的手，说："钱是我偷的，打我吧。"霎时，荆条狠狠地抽在他背上。

"我叫你手脚不干净！小小年纪就偷东西，长大了还了得？"父亲越骂越气，胸口不住地起伏，下手更加狠了，我能听见荆条划破空气的呼呼声。

打了一阵子，父亲丢下荆条，躲到屋后去抽旱烟，母亲一脸不忍地搂住伤痕累累的小弟。我扭身跑进屋里打水，在给小弟擦伤口时终于忍不住号啕大哭起来，他连忙捂住我的嘴，说："姐，别哭了，要是被爸听见就该多问了。再说都打完了，男孩子皮糙，不疼。"

正好父亲过来，说："哭啥？"

"姐只是心疼我。"小弟连忙道。

父亲恶声恶气地说："没把你手打断算轻的，还心疼？下回再偷东西往死里打！没出息的东西！"

我多想喊出来："爸！是我偷的，是我偷的！不是小弟！"可我不敢。

那一年小弟七岁，还是个孩子，我十岁了，是个懦弱的姐姐。许多年后，我都忘不了他为我挡荆条，然后满身伤痕的模样。

我收到省城大学录取通知书那年，小弟也考上了县重点高中。面对两份沉甸甸的通知书，父亲愁容满面地说："俩孩子真争气，真争气。"母亲背过身偷偷抹眼泪，说："是争气，可家里拿啥供啊！"

父亲点起旱烟不说话，这时小弟走过去，说：“爸，我想出门打工，不想念书了。”父亲一巴掌扇在他脸上，说：“说什么浑话，我卖血都要把你俩供上！”

“爸！”小弟又叫了一声，父亲恶狠狠地吼他：“回屋去！”说完就挨家挨户去借钱。

穷乡僻壤的地方，如果不读书哪能走得出去？我看着小弟脸上血红的五指印，满是心疼，说：“姐长大就嫁人了，用不上文化，你是男娃，得多读书，知道不？”

小弟点了点头。

当天晚上我抹着眼泪把录取通知书压到箱底，再也不打算拿出来。谁知第二天家里就没了小弟的踪影，他在我书下压了一张纸条：“姐，考上大学不容易，学费你别愁，我来供你。小弟。”

我趴在桌上失声痛哭，泪水将纸条润湿。

那一年，小弟十六岁，我十九岁。他像男子汉一样有担当，我却没有姐姐的样子，不能为他遮风挡雨。

我靠着父亲四处筹来的钱和小弟搬砖的血汗钱撑到了大三，那天我在图书馆温书，有个同学跑来找我，说：“娟子，你老乡来看你了，在寝室楼底下等着呢。”我狐疑地合上书，一路小跑，老远就看见小弟，我连忙大声喊：“小弟！”

他转过身，望着我一脸惊喜地说：“姐！”

“你咋跟人说你是我老乡？”

“你看我一身泥，衣服又破又旧，怕给你丢脸。”他不好意思地笑。

我眼眶一热，一边给他拍身上的灰一边责备：“下回不准这样，你是我弟弟，任何时候都是。”

“姐我错了，你别哭。”说着，他小心翼翼地从兜里掏出一个纸包，献宝似的层层剥开，露出一枚蝴蝶发卡，“我见街上的姑娘都戴，就给你也买了一个。喜欢不？”

“喜欢。”我哽咽着说。

“那我给你戴上。”小弟拿起发卡在我头上比来比去，我望着他黝黑的、满是灰尘的脸，忽然像山洪暴发一般，抱着他号啕大哭起来。

那一年，小弟十九岁，我二十二岁。他把他本该享有的一切给了我，我却只能抱着他心酸地哭。

老家的土房子年久失修，看起来灰蒙蒙的，十分破败。那年我带男朋友回家见家长，老房子破天荒地被收拾得十分整洁，就连坏了好几年的窗玻璃都装上了。男朋友回县城后，我逮着母亲调侃：“妈，你啥时候把家里规整得这么好了？回来的时候吓我一跳，还以为走错门儿了呢！”

母亲眯起眼睛笑，脸上堆积起来的皱纹好像分割的田地，说：“妈老了，哪里有力气收拾屋子。”说着抬起下巴示意一下坐在院子里的小弟，“是你小弟收拾的，看见他手上那道伤口没？就是装玻璃的时候不小心划的。”

我扭头望向小弟，他穿着洗得泛白的旧汗衫，瘦削的背影稍微有点儿驼，我不由自主地眼眶一热，张了张嘴，所有的话都卡在嗓子眼儿里。

我去帮小弟涂药，他说：“城里人都讲究，要是看见家里脏兮兮的难保不会笑话。收拾收拾，好歹能过眼。”

我心疼地吹了吹伤口，说：“疼吗？”

他裂开嘴就笑，说：“不疼！这点儿伤算什么，我在工地上搬砖的时候把脚指头砸得肿了好几圈，鞋都穿不进去，光着脚还要干活儿呢……”

我的眼泪就这么猝不及防地砸下来，滴在小弟满是粗茧的手上。

“姐，我没事……”小弟不知所措地望着我。

我不住地点头，死死咬住嘴唇才没有呛出声来，垂着头继续给他擦药。

那一年，小弟二十三岁，已经满身风霜，我二十六岁，却还不太懂世态人情。

结婚后我就搬到了城里住，心里一下子就跟空了似的，大概是因为父母不在身边，我几次想把他们接过来，他们都不愿意，说：“在农村待惯了，去城里反倒束手束脚的，不自由。”小弟也来安慰我：“姐，你放心，爸妈还有我照顾着呢。”我只好放弃，平时多回家去看看他们。

后来，我丈夫当上了厂长，我俩商量了一下准备给小弟安排个清闲的职务，当个中层干部什么的，谁知道小弟断然拒绝，说：“真让我去姐夫厂里上班，就让我做修理工吧，不然就不去。”我气得不说话，但是厂里的修理工也比搬水泥强，也就随他去了。

有一次小弟修理机器的时候，手指不小心被轧了，吃饭的时候我看他缠着的纱布，心疼地责备：“还好你反应快，要是再晚一秒你整只手都赔进去了！”

“我下回一定小心，姐，你别生气！”说着，小弟还讨好地给我夹菜，就用那只受伤的手。

顿时，我就要哭出来地说：“我不是生气！我只是心疼你受苦！让你当干部你不要，悠闲自在有什么不好！”

“我就是劳碌命，闲不下来。”小弟开始闷头吃饭。

之后我又筹划给小弟换个岗位，他拉着我严肃地讲：“姐，我知道你是为我好，但是你也要为姐夫想想。他新官上任就让亲戚做中层干部，如果我有文化还稍微好点儿，可是我是个文盲啊，怎么服众？我不能让姐夫难做！”

丈夫知道后，感动得热泪盈眶，我满心自责，小弟没文化，还不都是怪我？是我欠他的！

那一年，小弟二十六岁，我二十九岁。他只身一人，我家庭幸福，我多想把这些都分给他。

小弟是三十岁结的婚，和厂里一个老实本分的农村姑娘。婚礼上司仪问：“新郎，你最敬爱的人是谁？”

他不假思索地答：“我姐。”

我一愣，才听他继续说：“小时候有一次放学回家的路上，我看到路边山崖上有野柿子，姐姐爬上去帮我摘，不小心滑下来，腿上擦掉一大块皮，流了好多血。裤子破了还不敢跟爸妈讲，用书包挡着才躲到房间里。那时我就在心里发誓，这辈子都要对我姐好。”

参加婚礼的宾客都开始热烈地鼓掌，时不时地望向我。

我却已经趴在丈夫怀里，哭得泪流满面。这是我都已经忘了的事情，小弟还死死地记在心上。姐姐帮弟弟摘个柿子或者做点儿什么，都是应该的啊，有什么好感谢的。他这孩子，怎么这么死心眼儿，这么让人心疼！

其实，我这一生都要感谢的人，就是我小弟。

想看你笑

想和你闹

等我长大

希望我是你的骄傲

我还记得

一双眼睛追着我乱跑

一双温手护着我飞翔

等我长大

一颗心早已经准备好

带你去看那天荒地老

世界还小我陪你去到天涯海角

在无忧无虑的时光里慢慢变老

等我长大的那一天

可好

第4章 当你老去的那一天

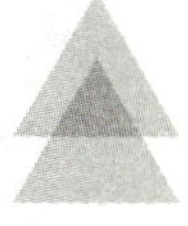

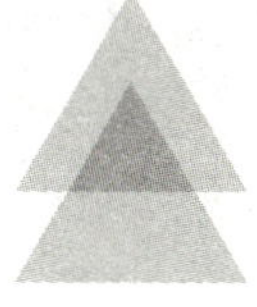

为你低头系鞋带的男人

真爱从来就不需要刻意表演，
而是自然的流露和细致的关爱。

认识十年的闺密前段时间和一个只认识三个月的男人闪婚了，理由是他太贴心。婚礼第二天我离开时，闺密执意要送我到小区门口。出门时，闺密的丈夫忽然俯下身去帮我闺密系鞋带。他的手指修长，眼神专注，细细地打了一个蝴蝶结，然后站起身来对闺密温柔地笑了一下。他的动作没有一丝矫揉造作，闺密也十分享受他的宠溺，倒是看得我有些不好意思，外加一丝羡慕。心想我什么时候也能遇见一个能给我系鞋带的老公就好了。

系鞋带的小故事很快就被我遗忘了。两年之后我也和喜欢的男子结了婚。冬日里的一个周末，我和老公一同出门，在等公交车的时候，我们遇到了一个孕妇。她看起来已经怀孕六个多月了，肚子隆起了一个大大的弧度，她穿着笨重的羽绒服，试图弯下腰去系鞋的鞋带，可是却怎么也弯不下去。这时老公忽然起身走到她的面前蹲下，一扣一扣地帮她把鞋带系上。老公系好之后自然地回到我身边，没有一丝的窘迫，也没有谄媚的意思。

帮助别人是这样一件自然而然的事。

我有一瞬间的吃醋，结婚到现在，他还没有给我系过鞋带。但转念一想，他是在帮助应该帮助的人，我为他的善良而骄傲，同时也为自己的嫉妒感到羞愧。

从谈恋爱到现在，老公一直都对我很好。也许是我每天都沉浸在他平实细致的照顾中，才会不自知吧。我不容易入眠，每天晚上睡前，老公都会给我温一杯牛奶；我例假的时候他会细心地给我灌热水袋，不让我碰一点儿家务；生日的时候会像恋爱的时候一样给我写卡片……

这时闺密告诉我她离婚了。那个系鞋带的画面又在我的脑海中浮现，感情那么甜蜜的夫妻，怎么说离就离了呢。问及原因，是她老公在外面有了外遇。闺密长得很漂亮，她的老公却很一般，她本来信心满满地觉得她能把握这段感情，却不料被出轨的人却是她。这件事让她在亲朋好友面前也没有面子，因为他们曾经是公认的幸福的一对。

我转头就把这件事告诉了老公，他却一脸淡然，一点儿没有意外的样子。我很不解，他笑笑告诉我："我一早就看出来了，那男的就是在作秀，他们恩爱得不正常。分开也是意料之中的事情。"说着，他放下手中的书，站起来把我圈在怀里，"真爱从来就不需要刻意表演，而是自然的流露和细致的关爱。"

这件事让我反思了很久。系鞋带该作为评判爱不爱的标准吗？答案当然是不。爱情是没有评判标准的，恋爱中的女孩子啊，不要被表演式的举动轻易打动，也不要拿别人的男友和自己的男友比较，每个人表达爱的方式都不一样。也许他是用自己的方式在爱你。

有些美好，有时不出声

她会用眼睛传达感情，
会用动作代替语言，
会用双腿艰辛地走出一条人生路。

和我接触过的人都说我是话痨，喜欢用嘴说，也爱用笔写。因为我一个人说了两个人的话。我有一个哑巴妹妹，我连带着她心中的委屈和想法，也说出来给众人听。

四岁时，妹妹染了一场风寒，去医院去得有点儿晚，医生打了两支过量的青霉素，这就是妹妹永远失去声音的罪魁祸首。那天晚上寒风凛冽，雪在破烂的窗户外不停地飘，凝在窗户纸上厚厚一层，冷得让人发抖。

妹妹躺在床上，因为高烧不止满脸绯红，妈妈把手抚在额头上试探了一下，烫得让人心惊。屋里的炉子灭了，最后一缕青烟就像是妹妹的声音一样又细又长。她张着干裂的嘴唇喊：“我好渴，我要喝水，妈，我要喝水！”

“囡囡乖，妈妈这就给你倒水啊！”妈妈心疼地望着妹妹，连忙从水壶里倒水给妹妹喝。

“姐姐，我要喝水！”那时候我还小，只有七岁，听见妹妹的叫喊也赶忙倒水喂她。

渐渐地，她又嚷嚷：“你们为什么不理我？你们听不见我说话吗？你们是不是聋了！妈，姐！你们聋了吗！”

我和妈在不停地回应她：“我在倒水，倒水！这就来！”可是无论我们喊得有多大声，妹妹还是自顾自地嚷嚷。我看见妈妈在偷偷抹眼泪，我才明白，原来是妹妹自己聋了。

听不见声音的妹妹感到害怕，她的世界里再也没有一丝声响，这对一个孩子来说是多么恐怖的事情，所以她没日没夜地哭喊、叫骂……

渐渐地，妹妹不再叫骂了，只是咿咿呀呀地说着短而碎的词句，好多词语她已经说不出来了，最后只能吐出一个一个单音节：“爸！妈！饭！饿！”

又过了一段时间，最后的词语也抛弃妹妹，她只能像脱水的鱼一般，张大嘴却不能发出一丝声响。自从连声音也发不出后，她更喜欢哭了，她的世界里没有声音，让她有种被全世界抛弃的孤独与不安，她不会说哑语，不会打手势，不知道怎么表达自己内心的无助，所以只能用哭声找到自己的存在感。

那时候，时间像是被谁不怀好意地拉扯开来，变得很长，妹妹也在痛苦中接受了现实，她是一个听不见声音说不出话的哑巴。

渐渐地，妹妹开始学会用肢体语言表达自己，如果她吃饱了就把手放在胃上面，没有吃饱就放在胃下面，用白皙的牙齿表示干净，用乌黑亮丽的头发表示肮脏，用红艳艳的嘴唇表示血……因为是和她朝夕相处的亲人，我们很快就懂得她要表达的意思。

但是一些坏孩子却没有亲人这么体贴入微，他们热衷于欺负一个没有反抗能力的哑巴，成天拿着一根小枝条戳她，就好像下雨天看见路边有只巨大的癞蛤蟆一样，在看稀奇。有时候还会说："哑巴是个大笨蛋！"妹妹听不见他们说什么，只能愣愣地站着，然后那些坏孩子就会得意地大喊："哑巴不仅不会说话，耳朵也是聋的！"

妹妹从小性子就好强，虽然不知道他们在说什么，但是也明白是在羞辱她，于是随手折了树枝打他们，他们抓起地上的泥土砸她。妹妹一个小女孩儿，哪里打得过调皮捣蛋的男孩子，她满身是灰地回到家中，脸上挂着泪水，将尘土润湿了。

现在走在街上，每当看到风吹得尘土飞扬时，我的脑海里就会浮现出妹妹满身尘土的模样，她哭得那样无助，那样悲伤，那可怜的样子让我这个做姐姐的揪心地疼。

所以，我总是教育我的孩子要尊重残疾人，他们因为身体上的残缺就很痛苦了，再遭到人们的欺辱，就变得更可怜，这会让他们更绝望。我们没有权利歧视任何一个残疾人，更应该多多给他们关爱，让他们感到生活的温暖。

父亲把妹妹送到县里的聋哑学院，但是因为后来我上了高中，学费翻番，家里实在是支付不起，权衡之下选择让妹妹辍学。那时候妹妹是班上最优秀的孩子，她走的那一天老师还在摇头叹息：“可惜了，这么聪明，这么努力的孩子！”

那时候妹妹只有十二岁，回到村里不能再念书，只能跟着生产队干农活儿。她用单薄的身体拉起家里的小破车，每天起早贪黑地做起农活儿。

就在这种恶劣的环境下，妹妹长大了，她出落成亭亭玉立的姑娘，眉清目秀，长发及腰，也到了该谈恋爱的年纪。村里的七大姑八大姨要给她介绍对象，她笑着摆了摆手，然后在自己肩上比画了两下，表示：“我不找对象，如果要找，也要找头上戴着帽子，肩上有红领章的兵。”

那时候，但凡有点儿出息的姑娘都想找个当兵的，妹妹是那样优秀、那样能干的女孩子，怎么可能没有骨气？

过年的时候看电视上的小品，有一句让我记忆深刻的一句话：“没有找到当兵的，倒是找了个民兵。”猛然间，我的脑海里浮现出妹妹的脸。她最终也没有找到当兵的，只找了个民兵。

她的丈夫是个吃苦耐劳的老实人，勤俭节约，长得也一表人才，只是因为家里穷，拿不出彩礼钱，最后只得挑了不要彩礼的哑巴。

就这样，我妹妹成了村里最能干的媳妇。不论是织毛衣还是做鞋垫，妹妹都是一等一的好手，但凡是看了一眼的图案，就没有她织不出来的，但凡是出自她手的鞋垫子，就没有不结实的。她还勤快，一家老小的鞋子都是她做的，身上穿的毛衣都是她织的。

那时候她家里还穷，买不起缝纫机，但是用手缝制的衣服比小镇上缝纫机做出来的都要好看，那针线活儿可以和绣娘相提并论。

妹妹入得厅堂，下得厨房，不论是家里还是地里，都是村里其他媳妇比不上的。

秋天要打柴，妹妹一个人能做别人两个人的活儿，树叶在院子里堆成了小山，可以喂牛，也可以点火烧炕。

妹妹家里从来不生炉子，靠着一个火炕暖屋子，每次坐在她家滚烫的炕上，我就想起了她早早夭折的大儿子。

她儿子肉嘟嘟的十分可爱，不知道是不是不小心染了风寒，一系列症状后得了咽喉炎，一直吐奶。村里的人说，这孩子舌头上长了小舌头，在指头上沾些草木灰去按一按，把小舌头按下去就能好。妹妹用这样的方法试了几次，她的儿子高烧得更加厉害。然后又有人说，可能是身上染上了什么不干净的东西，要请一个和尚来……

就这样折腾了几天，孩子就去了。

妹妹抱着儿子幼小的身体在炕上坐了整整一夜，她两眼发直，目光涣散，就那么抱着孩子，好像她也随着孩子去了，只留下了一个空洞洞的躯壳。命运就是这么捉弄人，在妹妹好不容易熬得有个念想的时候，把她最最珍爱的孩子也夺了去，难道夺去她的听力和声音，还不够残忍吗？

妹妹那么静静地坐在炕上，大家实在是看不过去，担心她出什么事情，着急忙慌地按住她，这才将已经僵硬的孩子从她怀里扯出来，顿时，她爆发出撕心裂肺的哭声，就像是在草原上凄厉哀嚎的母狼。我知道，妹妹的心一定被揉得稀烂，鲜血就顺着百孔千疮的心脏流下来……

自从妹妹接受聋哑的事实以来，她都以坚韧勇敢的面目示人，从来没有哭过。她那样悲伤的哭泣，让我至今都记得，每每想起，都觉得心痛万分。

还好，命运并没有再继续折磨她，给她添了一对儿女，在坐月子的时候她不敢睡觉，整夜整夜地守着孩子，生怕一不小心孩子就去了。

我可怜的妹妹，因为命运的捉弄让你成了聋哑人，从此，你身上背负着异于常人的重担，你要付出多于常人数倍的努力才能得到你想要的。

我可怜的妹妹，是世界上最慈爱的母亲，是世界上最尽责的母亲，也是世界上最艰辛的母亲。

妹妹尽心尽力地抚养儿女长大成人，她用自己的方式教育孩子。因为她自幼就是哑巴，总是受人白眼，所以她懂得自尊，不然会更加让人看不起。她教育孩子不要拿别人家的东西，不能轻易受别人恩惠。

有一次，妹妹的小女儿在姥姥家附近上学，因为学校离家比较远，中午来不及回家吃饭。有一天她忘记带盒饭，我妈知道了让孩子来家里吃饭，可是无论怎么说孩子就是不听，宁可自己饿肚子也还是笑着说："谢谢您，我不饿，不饿！"这样有骨气的孩子真像我妹妹，有出息，是个三好学生，还是班长。

因为一生都在操劳，吃了无数的苦，妹妹才四十岁就长出白发了，开始有些驼背了，走路也颤颤巍巍的，听说下雨天关节会痛，染上了风湿。

仔细想想，妹妹如果不是为了让我读书选择辍学，她现在也是一个有文化的人，就算是聋哑人，也能够谋得一份体面的职位。我上次还看见出版社下面的印刷厂有几个聋哑的职工，穿着得体的衣物，脸上洋溢着幸福的笑容。

我可怜的妹妹，一生都那么辛劳努力，同时也那么谦卑。

有时候妹妹会来县城里买东西，顺便在我家住两天，每天做饭都像打仗似的，我稍微多放一点儿油，她就哇啦哇啦地叫，说只要一点点就能炒好几盘菜；我洗碗的时候放点儿洗洁精，她就会将我推到外面自己来……我看见她手上有一道一道细长的小血口，都是平时劳作时留下的。

妹妹走的时候我要给她买衣服，她说新衣服干活儿的时候穿不出去，浪费了；我要给她买水果，她又要推说太远了带不走；最后我说给孩子买点儿书，她听着也心动，抢着要自己付钱，不让我掏，大概是见我有点儿生气了，一边道谢一边抱在怀里，宝贝得跟什么似的。

我的哑妹，除了不会说话，任何地方都不比别人差。她会用眼睛传达感情，会用动作代替语言，会用双腿艰辛地走出一条人生路。

我的哑妹，何残之有？

面对妹妹，我的脑海里时常会浮现一些问题：什么叫作残疾？什么叫作健全？残疾和健全的界限在哪里？残疾就是身体上的残缺吗？那么灵魂上残疾的人呢？身体健全的人灵魂上也一定健全吗？这个世界上健全的人多还是残疾的人多？

别让你的行为毁了孩子的一生

这一瞬间，
有力量破土而出，
超越了一切狭隘的感情。

我认识妻子文欣的时候，已经快到而立之年。当时我还在山西上学，进修硕士学位。我曾经发誓不会抛弃她，即使她曾经遭遇过强奸，还生了孩子。

文欣是个心地善良的姑娘，性子很好，比我小三岁，在一家工厂里上班。为了能够照顾生病的父亲，文欣一直没有找男朋友，就这么耽误了下来。研究生毕业之后，我就留在了学校里教书，三个月之后，我娶了她。

我们两个的年纪都不小了，所以想要尽快生个小孩儿。但是因为我业务突出，学校打算派我去德国进修，而且一去就是一年，我们只能把要孩子的事情暂时放下了。虽然我人在德国，但是每半个月我都会给文欣写信，她也会给我回信。但是在1994年的6月，她已经有一个多月的时间没有给我来信。就在这个时候，我的导师雅克里教授告诉我可以再延迟一年毕业，而且可以申请家属陪同。我高兴坏了，连忙给文欣打电话，告诉她这个好消息。

电话很快就接通了，文欣听到我的声音似乎特别吃惊。我兴高采烈地说："我是汉生啊！"她很长时间没有说话，我能够隐约听到她压抑的哭声，顿时心里一沉，似乎有什么不好的事情发生了。我赶忙问道："你怎么了？出什么事情了？"她只是哭，还是不说话。我也没有追问，把她能够来这边的事情说了。我说："我马上就给你办出国的手续，等你到了这边一切都会好起来的。"可是，她一点儿也没有开心的样子，只是抽泣着对我说："汉生，对不起，我们还是离婚吧。我不会去德国的。"

我脑袋里顿时一片空白，难道是我不在国内，她找了别人吗？我赶忙问她，是不是外面有了什么人。她沉默了好久，最后坚定地对我说："你别问了，是我对不起你。"可是我根本不相信，我自己的妻子我还是了解的，她根本不是那种水性杨花的女人。

第二天我就写了封信给她，希望能够得到真相。可是很久没有得到回信，于是又打了一个电话给她，可是刚接通就被挂掉了。我只好打电话给她的姐姐，可是她的姐姐也只是哭，让我忘记文欣，说文欣已经下定决心要和我离婚了，让我以后不要再来找她。就这样过了一个多月，我终于放弃了挽回的可能，但是心里总是存着疑虑，这件事情实在是太蹊跷了。最后，我接受了再待一年的条件，继续留在那边进修。日子一天天地过去，在毕业前的三个月，我终于忍不住了，把德国的工作简单地交代了一番，就回了家。可是到了家里，已经没有妻子的身影了。我又跑到了她姐姐的家里。她姐姐看到我非常吃惊，眼泪顿时就流了下来。

“你怎么过来了，我以为你不会再来了呢。”她坐在椅子上，悲伤地和我说起了事情的始末。

在我离开家的第八个月，文欣在一次下夜班的时候遇见了三个穷凶极恶的歹徒，他们强奸了她。之后她发现，自己怀孕了。

这对于文欣来说，简直就是一个晴天霹雳，本来就遭受到重创的心灵再一次受到了打击，怀孕的消息让她痛不欲生。她本来想去医院拿掉这个孩子，但是更大的打击在等着她。医生告诉她，她的身体根本就不能够做人流。而且，在她生完孩子之后，最好也要等上几年再要孩子，而且也不能够完全保证孩子的安全。

文欣在知道了这件事情之后，回家就打算割腕自杀。但是那天恰好她的姐姐来看她，连忙叫人把她送进了医院。被救过来的文欣情绪一度崩溃，甚至根本不能听人说起我的名字，在医院里，尝试过好多次自杀，她姐姐根本就不敢离开半步。等到孩子七个月之后，她终于接受了这个事实，认命似的决定生下这个孩子。听到这里，我的心如刀绞，眼泪止不住地往下流。这时我才注意到，阳台上挂满了孩子的尿布。走到文欣房间的门口，我看到了一个奶娃娃，两个多月大的女婴，正躺在那里睡得香甜。

看着小女孩儿的塌鼻子，我的泪水再一次地喷涌而出。就在这个时候，文欣回来了。她的眼睛里充斥着痛苦和愧疚，没想到，两年之后我们会在这样的情景下再见。我走上前去，轻轻地把她拥进了怀里。感受到她的挣扎，我加大力气抱住了她，对她说：“对不起，都是我不好，没能好好保护你，和我回家吧。”

我能够感觉到她在哭泣，泪水浸湿了我的衣服，她全身都在颤抖。哭了一会儿，她的胳膊终于慢慢环住我的腰。孩子始终是横在我们之间的问题，可是孩子是无辜的，看着她纯真的笑脸我还是不忍心。

从德国回来之后，学校分给了我一处一室两厅的房子。一个月后，文欣终于同意搬回了新家。但是她带回来的小孩儿却给我们带来了不少的麻烦，同事们疑惑的目光让我如芒在背。我很害怕在人多的场合出现，即使是走路的时候，也尽量压低了头，不想和熟人见面。

孩子一天天地大了，文欣让这个孩子跟了她的姓，我能够感受到她的良苦用心。可是对这个孩子，我实在是喜欢不起来，甚至越发地厌恶。这让我感到愧疚。

转眼间，孩子三岁了。她似乎能够感觉到我并不怎么喜欢她，平时在我面前总是显得非常怯懦，也不喜欢和我说话，能够让文欣做的事情从来不麻烦我。我承认，这其中有我的问题，因为只要这孩子一叫我爸爸，我的胃就开始作呕，是一种类似于痉挛的痛苦，好在，我的工作总是很忙，有很多借口可以泡在实验室里。可奇怪的是，我的工作效率并没有变好，反而更糟糕了。

有一天，文欣起来晚了，让我送孩子去上学，可是我很不想去。孩子就站在文欣身后，期盼地看着我。似乎是感觉到了我的不情愿，文欣把孩子抱了过去，沉声说了一句："还是我去吧。"我张了张嘴，但是最终还是什么都没有说。我看着孩子趴在文欣的肩头，啃着小手指，看着小姑娘的样子，我也不知道怎么了，突然举起手朝她挥了挥，那一瞬间，我看到她眼里有光闪过，拼命地叫了两声："爸爸！再见！爸爸！"

那天上班的时候，我的脑海里一直都在回荡孩子叫我爸爸的声音，所以下班后早早地就来到了幼儿园的门口。我并不知道她的班级在哪里，问了人才在三楼找到了她的教室。老师问我是谁的家长，她似乎很震惊，然后叫了女孩儿的名字，小姑娘难以置信地看着我，扭捏地走过来拉住我的衣角。

那天晚上，文欣下班之后似乎也不敢相信是我把孩子接回家的。她问道："爸爸好不好？""好！"我心里暗暗想道，孩子毕竟是无辜的，我应该对她好一点儿的。这一瞬间有力量破土而出，超越了一切狭隘的感情。1998年的夏天，文欣去医院检查，得知她再次怀孕了，当我知道这个消息的时候，简直欣喜若狂。为了让点点，就是小女孩儿有些准备，文欣提前和她说起了这件事情，点点便显得非常开心，小脑袋直点，说："我就要有弟弟妹妹了，点点开心！"这个时候，点点已经四岁了，我对她的态度也没有那么恶劣，但是她的存在始终让我感到厌恶。点点因为有我这样一个父亲，所以平时总是显得非常懂事，但是她毕竟还只是一个小孩子，有时也会非常调皮。每当她做了什么错事的时候，我总会大发雷霆，我很难压制住自己的怒火，但是等事情过后，我又会变得非常后悔，因为我知道，这样伤害的不仅仅是孩子，还有文欣，甚至我们三个人都会感觉到痛苦。

这个时候，我在德国时候进修的导师雅克里教授到我们学校来讲座，对这位和蔼的老师，我总是能够感受到亲近之意，所以开始向他讲述最近发生的事情。也许是因为他是外国人，很快就会离开这片土地，以后不会有面对他的苦恼和尴尬，二来也是因为他是一位非常善良的人，在德国的时候就非常地照顾我。

雅克里是一位很好的倾听者，他静静地听我讲述了全部的过程，等我讲完之后，他拉住我的手，意味深长地说："陈，我给你讲一个故事吧。"

他讲的故事发生在二战时期的德国，一个纳粹罪犯被处决，他的妻子的处境顿时变得艰难起来，最后不堪忍受吊死在了自己家里。第二天，邻居们发现的时候，女人的身体都已经僵硬了。她家里还有一个两岁多的孩子，正趴在窗口处往外伸着胳膊，眼看就要掉在地上了。就在这时，有一个名叫卡纳的女人冲了过去，她一把接住了这个孩子，并且收养了他。而这个女人的丈夫就是被孩子的父亲处死的。她周围的人，包括她的家人，没有人能够理解她的做法，他们让女人把这个孩子扔掉或者是送到福利院去，她都坚决不肯。她家的窗户经常被不理解的人砸破，甚至她自己的孩子都不能够接受母亲的行为，用离家出走来威胁她，但是这些都不能够动摇女人对这个孩子的爱，她总是紧紧地把小孩子抱在怀里，然后对他说："我的孩子，你真是上天送给我的天使。"

孩子一天天地长大了，人们不再那么偏激地对待他，但是依旧没有人愿意和这个纳粹罪犯的孩子玩耍。这个孩子在这样的环境下成长，性格开始变得扭曲，开始用暴力的行为伤害身边的人，并且以此为乐。有一次，他打断了一个小孩子的肋骨，激起了周围人的愤怒，他们瞒着卡纳把孩子送到了很远的一处福利院里。卡纳疯了似的寻找，最终在半个月之后找到了这个孩子。她把他抱在怀里，对周围的人说："孩子是无辜的。"这个孩子终于知道了自己的身世，他非常懊悔，但是事情都已经发生了。卡纳告诉他，如果想要大家真正地接受他，那么就真心地去帮助别人吧。男孩儿点头答应。从那以后，他变了，变得热爱生活，爱身边的每一个人，在他中学毕业的时候，这个男孩儿收到了一份珍贵的礼物：他的邻居们每家都来了人，来参加他的毕业典礼，这是从前他想都不敢想的事情。

"那个孩子就是我。"雅克里说。

我简直不敢相信自己的耳朵。"所以，别让你的行为毁了孩子的一生，同时也毁了你自己。”雅克里握住我的手是那样的温暖而坚定，给了我莫大的勇气。

“在我成家之后，我收养了一个杀人犯的女儿，母亲知道这件事情之后，非常地开心。每一个生命都应该被温柔地对待。”雅克里说这话的时候是带着笑的，我知道他的家里有一个女儿和两个儿子，而他们对待女儿的态度总是比儿子好上一点儿，女孩儿也更愿意和他们亲近。

“那她知道自己的身世吗？”我问雅克里。“当然知道，现在只要有时间我还会带她去见自己的亲生母亲，因为她母亲得了艾滋病，就快要死了。”我不知道这个故事对我产生了多大的影响。但是那天晚上，我抱着文欣，对她说：“这个孩子我们还是不要了吧，你的身体又不好，我们有点点一个孩子就足够了。”她看着我，满脸的难以置信。于是我对她说：“我给你讲一个故事吧。”

1999年的冬天，为了让点点有一个更好的生活环境，我们举家搬到了温暖的南方。我换了新的工作，似乎一切都开始变得美好起来。

这是一份对生命的爱护之情，相信每个人读完都会在心里有不同的感触，这就是人与人之间最真实而美好的感情。在面对这样的抉择时，不知道你会做出什么样的决定呢？

我的野蛮母亲

无论母亲再怎么世俗，
再怎么不可理喻，
再怎么霸道，
有这样那样的不是，
依旧改变不了她是生我们养我们的妈妈，
是一切的开始，没有她，就没有现在的我们。

我从外面出差回到家，见母亲像往常一样斜躺在沙发上看电视，略带漂泊感的心总算安定下来。

前几天母亲觉得身体不适，总是乏力，她去医院看了后输了两天液，我问她情况，她说："输了液后倒是不乏力了，可我总觉得心里怪怪的。"

"为什么？"

母亲神秘地凑近我说："张医生怎么不给我开药，只是让我到三甲医院去看看。"

我一听，也觉得不对劲儿。张医生和我们都是老交情了，不会平白无故这么说。我赶忙给大哥打了个电话问情况，他说：“妈是心脏出了毛病，具体情况张医生也说不准，我们抽空带她去看看。”

那一瞬间，我只觉得自己的心脏也出了毛病，不然怎么会跳得那么快。我不能没有母亲，她一直这么霸道地出现在我的生命里，指使我做这做那，怎么能一下子就离开我？绝对不能！

现在母亲已经六十二岁了，在和我搬出来住的这三年里脾气好了不少，从前那些蛮横霸道、暴躁好强、不可理喻的脾气也改了不少，我们几兄妹也因为母亲性子的好转，生活舒坦了不少。

天知道从前我们过得有多压抑！

六十年代初期，母亲只是个十七八岁的姑娘，那时候正是三年困难时期，农村人民过得苦不堪言。就在关键时候，母亲认识了父亲，跟着他从四川老家来到了遥远的青海。其实，她和父亲从相识到跟他走只经历了二十多天，但那时候能够嫁给一个工人是求之不得的事情，多少姑娘都梦寐以求这样的机会，那意味着有饭吃，不会饿死，所以母亲义无反顾地跟着这个男人来到陌生的地方。走的那一天，外婆和比母亲小几岁的姨妈去送他们，一边挥手一边抹眼泪，这一去，是福是祸也未可知。

结婚之后母亲才发现父亲有暴力倾向，一言不合就会大打出手，她总是被父亲揍得鼻青脸肿，但是她不能离婚。且不说她是第一次来青海，在陌生的地方，又是一个年轻的姑娘家，不知道该怎么立足，再说了，离婚的妇女在农村不受待见，未来的路不一定比现在好。她只能忍气吞声，勉强维持着这段夫妻关系。

后来就有了我们。母亲一共生了四个孩子，她把所有的希望都寄托在我们身上。那时候父亲把钱看得很紧，从来不舍得拿出一分给母亲、给我们花。母亲不能看着孩子挨饿，就自己出去打工，夏天她打土坯、擦皮鞋，冬天就去捡垃圾、帮别人倒尿桶，好的时候一天能赚个七八毛钱。有了钱，她会寄给外公一部分，因为外公喜欢喝酒，她嫁得远，不能在家里伺候二老，所以只能寄点儿钱回去让外公买点儿小酒喝，还有一点儿钱她留给了还在念书的小姨。

在我读初三的时候，母亲实在受不了父亲的暴力与打骂，主动提出了离婚，带着哥哥和小妹离开了家。那时候她没有工作，又不能回到四川老家，只能留在青海，好在她在青海也生活了十来年，总算不会像当初那么害怕与不安。

母亲先是在电影院门口帮人看自行车，然后炒瓜子卖，最后开了一家自己的小饭店。她就这样自己抚养几个孩子长大，靠着自己单薄的肩膀、勤劳的双手。这段生活是老年的母亲最引以为傲的经历，时不时地在我们耳边唠叨。

单纯来说，母亲确实是那个年代的成功女性，很不容易，但是这也造就了她好强、霸道的性子，控制欲十分强，要子女处处都要听她的，稍有不顺就大发雷霆。

大哥一直跟着母亲，目睹了她的不幸和艰辛，大概就是那句“因为懂得，所以慈悲”吧，无论母亲做得多过分，大哥都会顺着她，事事都由她做主，这也造成了他两段婚姻的失败。

母亲不能忍受自己的儿子干活儿，觉得这是儿媳妇应该做的事情；她不能看自己的儿子受一点儿委屈；她一定要是家里的主子，她说东媳妇不能说西……在这种压力下，嫂子提出要搬出去住，她不能忍受母亲，也不能忍受结婚后和三个小姑子挤在一个屋子里。

母亲不同意，大哥是个孝子，什么都顺着母亲的，当然，他本身也不能丢下几个妹妹和母亲不管，就这样，他和第一个嫂子的婚姻只支撑了两年就走到了尽头。

在大哥的第二段婚姻里，母亲依旧用自己的老办法，插手儿子的婚姻。她从来不会觉得自己做错了，矛盾是可想而知的，三天一大吵两天一小吵，大哥也备受折磨，流着泪提出分家的要求，母亲当场甩了他一个耳光，骂他不孝，骂他被女人鬼迷心窍。然后她就坐在地上撒泼，又是哭又是闹，诉说着她从前是多么辛苦，多么艰难地拉扯孩子长大，是如何受到父亲的打骂……

那段时间家里永远是鸡犬不宁的，搞得整个大院的人都在看热闹，大哥是居委的干部，实在是丢不起这个脸，他只能哀求母亲给他留点儿面子，不然他在外面没法做人。连家都管不好，怎么管得了别人？说出去都让人笑话。

可是母亲根本就不听这些，稍有不顺就大吵大闹，根本就不为大哥考虑……大哥心灰意冷，也是真的怕了母亲了，他经常住在单位里不回家，能躲就躲，眼不见为净吧。

再后来，他的第二段婚姻也走到了尽头。母亲依旧没有意识到自己的错误，她永远把责任归咎到别人身上，说儿媳妇不好，说儿子不孝顺，不帮着自己。

大哥承受了很多，他开始喝点儿小酒，喝醉了就想起自己两次失败的婚姻默默流泪。母亲毕竟还是爱自己儿子的，她就坐在他身边，跟着他一起流泪，然后说："你要听妈的，谁害你，妈都不可能害你，我这都是为了你好……"

母亲和父亲离婚后，小妹也从父亲家里出来了，跟着小姨一起生活，所以她来到母亲身边时已经十五岁了。大约不是母亲带大的，她对母亲的包容度就比不上大哥，她看不惯母亲的霸道和大哥的委曲求全，等到参加工作后就跟逃难似的搬出了家里，一年难得回来几次。

时间久了不见，母亲心里也挂念，总是准备一大堆好吃的然后把她叫到家里，在饭桌上又忍不住责骂她不懂事不孝顺。小妹脾气本来就不像大哥那样温和，不会什么都顺着母亲，只要一不合心意，母亲又开始吵闹，诉说从前是怎么捡破烂儿将我们拉扯长大……有了几次教训，小妹就不再回来了，无论母亲怎么打电话，怎么叫，她都当作耳旁风。过年的时候也不拿钱出来孝顺母亲，只是说："我没有这么畸形的家。"就连过年都没有回来吃团圆饭。

这个做法彻底激怒了母亲，她吵着闹着要去小妹的单位里找领导评理，一定要让小妹丢人。尽管小妹有不懂事的地方，但是我们更生气母亲的蛮不讲理，都是自己的孩子，难道要毁了她才能觉得心里舒坦吗？

那段时间我们恨过母亲，她让大哥经历两次失败的婚姻，天天都过得很压抑，我们也因为她成天吵闹，家没有家的味道，反而像是牢狱一般。

那个时候，母亲每天都要去菜市场摆地摊，我们怎么劝都没有用。分明是她自己要去摆摊子的，去了后又开始骂我们不争气、不懂事，都这么大年纪了她还要在外面打拼赚钱，不能安享晚年，一定是上辈子造的孽，欠了我们的，骂得我们大气都不敢出，每天回去都要看着她的脸色过日子，生怕一不小心说错话会惹得她不开心，然后又是一顿大吵大闹。

那个时候大哥虽然心情阴郁，但好歹还有侄子在身边，看着心里还有个安慰。最不开心的还是我，我先天就患有不孕症，对往后的生活也没什么寄托了。可是我也是一个有骨气的人，我不想随随便便把自己交代给一个男人，我想跟一个自己喜欢的人在一起。在这种极其负面的情绪下，我过得极度压抑。母亲总是在用她的遭遇劝我认命，还总是对我指手画脚、骂骂咧咧的。我想小妹说的也没什么错，这是一个畸形的家庭，有暴躁的母亲和过分愚孝的大哥。我在这个家里得不到一丝一毫的温暖，我没有一个人可以诉说，我压抑得几乎要得抑郁症了，最终选择了逃避。

我要逃脱这样的家庭，所以急匆匆地嫁人了。我嫁的那个人并不是我想要的，但是为了能够逃离母亲的责骂和数落，逃脱母亲时时刻刻都狰狞的脸，哪怕我知道这个决定太仓促、太匆忙，有极大的可能性会酿成悲剧。那时候的我管不了那么多了，我只想逃离母亲的视线范围。

结婚后，母亲总是来找我哭穷，然后诉说她是如何将我们辛苦地拉扯大。我好不容易才逃离她，怎么可能想听她唠唠叨叨，她不过是想我给她拿钱，为求息事宁人，索性给她钱吧。母亲有了钱就高兴了，说我是个懂事、孝顺的孩子。就这样，她来找我要钱的次数越来越多，量变势必会导致质变，我的婚姻受到了影响。很快，我的婚姻也失败了。

那时候大哥正好准备开始他的第三次婚姻，母亲还是和往常一样准备和他一起住。我这辈子估计是不可能有个幸福的家了，但是我不能让大哥也没有幸福，赶忙跟母亲说："妈，你看我，刚刚婚姻失败，你过来陪我两天吧。"我就用这个借口把母亲的所有东西都搬到我家里，然后不让她再回去了。

母亲当然生气地质问我们两个这是什么意思，我们又费了好大的口舌才把她安抚好。大哥其实也不忍心让母亲搬出去，但是想起自己两次失败的婚姻，实在是不敢再以身犯险，也就承诺会带着侄子经常去看她的。

在这个家里，相对来说，母亲最怕的人还是我，因为我不像大哥那样逆来顺受，什么都让着她，也不像小妹那样过分叛逆。我平时也都是顺着她的，但她如果做得实在是太过分了，我也会发脾气和她吵架，然后甩手就走，到同事家住两天，也不理她。母亲又是哭又是闹，我都置之不理，几次下来，她也知道我不吃这一套，渐渐地也就不敢再大吵大闹了。

时间久了，我们也相安无事，凑合着过吧。

那段时间，在我们全家的动员下，母亲不再去菜市场摆地摊了，这样一来她就会在家里做饭，我一回家就能吃到好吃的饭菜，这一点我还是很开心的。渐渐地她的生活也有了规律，她是劳累了一辈子的人，根本闲不住，一有空就去菜市场找那帮老头儿老太太聊天。我下班回来她就开始和我东家长西家短地唠叨，最开始我还觉得挺烦，慢慢地也就习惯了，她要讲就让她讲去吧，我一边看电视一边听着，时不时点个头就好。

可能是年纪也大了，母亲的脾气也渐渐变得好了许多，偶尔还是会蛮横不讲理，但是比起从前已经很慈爱、很温和了。有段时间她回四川老家，没有她给我做饭我还真的觉得不习惯，成天就下面条凑合。我因为工作的原因生活总是不规律，母亲总是打电话让我爱惜自己，我虽然答应着，她还是不放心，连夜又从四川老家回到青海给我煮饭吃。

这个时候的母亲开始有了母性的光辉，大哥、大嫂、大妹三天两头地往我家里跑，来陪母亲唠唠嗑。

现在母亲开始身体不好了，但是无论怎么难受，她都坚持给我们做饭。一家人围坐在一起，我们才觉得有了家的气息，心里也才安定下来。我们从前确实憎恨过她一段时间，可我们也是她一把屎一把尿拉扯长大的，看着她渐渐斑白的鬓角和一日不如一日的身体，什么委屈和不甘都烟消云散了。

曾经有很长一段时间，我更愿意去追求精神家园，想让自己内心平静，如同参禅。后来才知道那种所谓的精神世界是虚无缥缈的，烟火气才会让人真正的安心。现在年纪也大了，我也觉得疲乏了，不再去追求那种虚无缥缈的东西。和母亲住在一起，我才渐渐觉得心中安定。每次出差回来，看见母亲躺在沙发上等我回来，我觉得心中从未有过的满足，尽管她也不会和我多说什么，打个招呼就回屋睡觉去了。

估计她也是一定要看见我才行，图个安心，就跟我看见家里有等着我的人一样，很安心，再也不会觉得自己漂泊无依、形单影只了。

母亲的一生经历了许许多多的大起大落、悲欢离合，她蛮横霸道的性子也是在那种恶劣的环境下养成的，仔细想来，也不是不能理解……

我和大哥、大妹陪着母亲去医院里检查，我们站在外面等着母亲做身体检查，心中前所未有地慌张。想起母亲一生给我们带来的所有酸甜苦辣，万一她有什么意外，我们可该怎么办？

这个时候小妹还是不肯来看看母亲，我也不知道她想要的温暖是什么，现在找到了没有。可能我们都大了，渐渐地能明白母亲的心思，不知道小妹什么时候能明白这个道理。无论母亲再怎么世俗，再怎么不可理喻，再怎么霸道，有这样那样的不是，依旧改变不了她是生我们养我们的妈妈的事实，她是一切的开始，没有她，就没有现在的我们。

汉堡店的父子

在父母心中，

有什么能比得上自己孩子脸上的笑容呢？

我家附近新开了一家麦当劳，明晃晃的 M 字大招牌无数次地勾起我想要进去的欲望，但我因为学业的原因，始终没有机会踏进麦当劳一饱口福。

直到那天，妈妈有事去了外婆家，姐姐去参加朋友的婚礼，若大的家里只剩下我一人。到了傍晚，原本应该冒着热气的厨房了无香味，我正好借着这个机会去麦当劳大吃一顿。

我推门进去，店里干净整洁的环境让人心旷神怡，点餐的大叔面带微笑，亲切地迎接每一位客人。

等我点好餐后挑了一个靠窗的位置，准备一边享用美味一边看风景。不多时，我的晚餐上来了，我咬了一口汁香味浓的汉堡，心情顿时就好了起来，忽然想到一个问题：为什么麦当劳会风靡整个台湾呢？

大概是麦当劳的环境好，工作人员的服务态度好，最重要的是他们针对的主要人群是孩子。在父母心中，有什么能比得上自己孩子脸上的笑容呢？

忽然我看到两个人，是一对父子，他们的出现在干净整洁的环境里显得格格不入。父亲衣服又脏又破，胸口上不知道是油漆还是什么，脏兮兮得让人皱眉，他脸上黝黑，饱受风霜的模样让我猜测他是建筑工人。他手里牵着的小孩子和他比起来状态不错，算不上黑也算不上瘦，但是和其他白白胖胖的孩子比起来，实在是糟糕透顶了。

两个人缓慢地走进麦当劳，他们都转动着眼珠子不住地四处张望，大概是第一次进来，显得不知所措。

“我们要……我们要一份薯条，一杯可乐，两个……两个猪肉汉堡。”父亲磕磕巴巴地说。

店员并没有露出鄙夷的神情，脸上保持着招牌式的甜美微笑，说：“好的，一共一百五十台币（约合三十人民币）。”

“一百五？”父亲一愣，显然没有想到这么贵，随后开始翻找口袋，“好……好的……”他的钱放在胸前内侧的口袋里，他只能拉开衣服将手伸进去摸，模样十分窘迫。不一会儿，叮叮当当的声音响起，他抓着一把铜板一个一个地数着，“十元，二十元，三十元……五十五,五十六……”

店员倒是沉得住气，没有露出丝毫的不耐烦，静静地等待他数零钱。这时，他们身后已经有人在排队了，有几个年轻人都忍不住抱怨起来，小声地嘀咕着：“怎么这么慢……”

我看见那位父亲露出更加尴尬的神情，窘迫地弓着背。忽然，一直抓着他衣角的小朋友看见一旁的玩具车，扯了扯他，说：“爸爸，我要玩车车，我要玩那个车车！”

他扭过头看了一眼，反问：“哪个车车？”他顿了顿，不好意思地问店员，“那个车要加多少钱？”

“五十元。”店员轻声回答。

父亲摊开掌心数了数剩下的钱，不够了，他抬起头望向店员，脸上露出为难的表情，弱弱地问：“那个……抱歉，我能只要一个汉堡吗？一个就好……”他的额间出现一道道抬头纹，黝黑的饱经风霜的脸令人心酸。

“可以的。”店员微笑着点点头，迅速为他更改。

吃一次汉堡可能是这位父亲一辈子的愿望，可是为了孩子的一句话，轻轻松松地换成玩具车。他将手里的几个铜板放进胸口里面的衣兜里，然后端起托盘往餐桌走去。

我望着他，忽然觉得他佝偻的后背是那样伟岸，我看到了一个父亲的伟大。

那个小朋友因为可以玩车车而开心得一蹦一跳，父亲望着开心的儿子，自己也满足地笑起来。

他们用餐的时候我也偷偷看着他们，小朋友一会儿玩车车，一会儿啃口汉堡，那位父亲一直坐在一旁陪着孩子，他什么都没吃，望着儿子时嘴角挂着笑容。

我想，如果此时有支笔就好了，我可以将这位父亲的故事记录下来，有网络也不错，可以分享给更多人。

那位父亲一会儿摸摸小朋友的头，一会儿把汉堡递到他嘴边让他咬，满眼都是宠溺。

那时候我真的明白，为什么麦当劳能够席卷全世界了。

因为父母的爱，充满世界的角角落落。

我仿佛感受到父母的这份深沉的爱，心中大受触动，我一口吃完手中的汉堡，走到柜台摸出袋子里仅剩的五十块，对店员说："请再给我来一个汉堡……"我话说到一半，那位年轻的店员已经拿出一个最新出炉的汉堡，先是对我微微一笑，随后朝着那对父子的餐桌走去。

她和我擦身而过时，还俏皮地朝我挤了挤眼睛，顿时我就什么都明白了。

这个汉堡，包含了人们善意的关怀。

等你长大的那一天

这条路变得很长很长，好像长到时光里，长到岁月中，我从一个什么都不懂的孩子，渐渐地开始明白事理，开始懂得做母亲的心。

春风拂面，草长莺飞。四月的风吹醒了大地，翠绿的锦缎铺满了角角落落。

周末亦是难得的好时光，我和朋友约好了去逛街，一到了下班的时间，我雀跃地往外跑，这个时候母亲大人的电话打了进来："囡囡，帮妈妈去鼓浪屿买点儿蛋糕，要大麦面包和蛋挞，我带着明天中午吃。"

"你明天不是在家吗？中午不吃饭？"我一边走一边问。

我妈笑起来，说:“不在家，单位组织去春游，你下班顺路，帮我带点儿回来啊！”

“不是，我和朋友约好了，这会儿他们一定在等我吃饭呢！”我犹豫了一下，开始想办法推脱。

我妈听到后有点儿生气，说:“让你买个面包都不愿意，我生你养你有什么用？等我老了，我还指望你给我养老？”

我的老天，就为这事儿就扯得这么远啦？我赶忙应下来：“好好好，我这就去，这就去！”说着连忙往鼓浪屿飞奔而去，想着快刀斩乱麻，速战速决！

等我到了鼓浪屿，惊得下巴都要掉到地上了，那长长的队伍，一直从店里面排到了街上。我心中暗暗叫苦，等到轮到我，那得啥时候啊，再去吃饭，估计只剩下残羹冷炙了！

这时，我不由自主地在心里埋怨我妈，都过半百的老太太了，还去春什么游，一帮老头子老太太凑在一起，不就跟平时晚上做锻炼似的嘛……

将近排了半小时队，我终于从店外面挪到了店里面，我似乎看到了希望的曙光，然而，刚刚朋友发来微信，说他们已经吃得差不多了，现在准备往步行街进军，我心里那个郁闷！

就在这时，前面的顾客不知道因为什么原因争吵起来，看着店里乌烟瘴气的，我的心情又差了几分。有个店员站出来，将大家要买什么品种的面包和数量统计出来，然后给大家排顺序，这样就能知道自己大概什么时候能买到面包。

粗粗算了一下，我的在第四锅，再等个十来二十分钟就行了，我暗自松了口气，总算有点儿盼头了。我站得腿都有点儿麻，高跟鞋此时在我脚上耀武扬威，我只好两条腿轮流支撑身体的重量。

忽然背后有人拍了拍我，我扭过头一看，是个中年妇女，她望着我，不好意思地问："这位姑娘，我能和你换个位置吗？"

我皱了皱眉，我站了半个多小时，眼看就要排到了，你说我能同意吗？我当时就恶声恶气地反问："凭什么？"

中年妇女连忙赔着笑脸，说："是这样的，我儿子明天要春游，所以我特意来给他买面包。我在你后面一个，但是就轮到下一锅了，我一会儿还要去接我儿子放学，如果这样排下去，我可能就来不及了……"

"你有事儿，我也有事儿啊！在场的谁没个事儿啊！"我在心里想。见我面无表情，似乎并没有要跟她换的意思，她又问："请问，你帮谁买面包？"

"帮我妈，她明天也要去春游。"我瘪了瘪嘴道。

忽然，四周安静下来，周围的人活见鬼似的盯着我看。我愣了一愣，扯动嘴角笑了笑，说："呃，这么看着我干吗？"

有声音从人群中响起："姑娘，你给谁买的？"

我刚刚想回答，售货员就笑起来，感慨了一句："今天卖出去这么多面包，你可是第一个帮妈妈买的。还真是难得啊！"

我一听，吓了一跳。随后望了望四周排队的人，确实都是些中年妇女，一个一个都是大包小包的，我随口问："那你们给谁买的呀？"

"当然是我家的小霸王啦！"不知谁说了一句，大家都被逗笑了。

店里面烦躁的氛围都消散得无影无踪，取而代之的是大家轻松的谈笑声。有面包的香气从烤箱里溢出来，带着荞麦的味道，带着清甜的芬芳。我的心情也晴朗起来。

我身后的中年妇女连声对我说："抱歉抱歉，我不该提要求插你的队，难得有一个给妈妈买面包的儿女呢。"

"哪有。"我有些不好意思地笑起来。

"你还真挺有耐心的，这么多人都等着，刚刚我来的时候，看着这么多人就萌生了不买的念头，但是想着儿子一年只有一次春游，我犹豫一下还是继续排着了……哈哈，想想我小的时候，春游的时候还不就盼着能有好吃的。"说到自家儿子，中年妇女的脸上浮现出幸福的神色，眸子里荡漾出水光，好似想起了从前的故事，"还别说，那会儿春游可是我们天天巴望着的事情……"

我笑着说："那么久了，你还记得？"

"那怎么能忘？"她笑起来，"那时候家里穷，只有在春游的时候才能吃到零食、点心什么的。现在也想去，当然不是为了好吃的，而是想出去坐坐，吹吹风，看看天，晒晒太阳。"

"那就去呀。"我轻松地说。

她却叹了口气，说："现在哪有时间啊，天天要接孩子上下学，做饭，还要上班……等什么时候他跟你一样大了，我也就能挪出一点儿时间，出来春游一下，去外面逛逛……"

我听她这么一说，心中被猛地一击。估计老妈也是这么想的，春游并不是心血来潮，而是一直没能实现的一个愿望，这愿望已经藏了二十多年。现在，盼星星盼月亮，终于把我盼大了，想要出去春游一下，让我买个面包还被我拒绝了。我心里十分愧疚，难怪刚刚她生气。

我看向中年妇女，她手里拎着大包小包的，手掌心都被勒得泛白，说：“你放地上呀，这么提着多累！”

“袋子里是草莓、猕猴桃之类的，都是不能压、不能碰的，一不小心就坏了，还是提着吧！”她笑了笑。

我想，这个世界上也只有母亲才有这么伟大的力量吧！我感慨了一句：“你真辛苦！”

“天底下，哪有当妈的不辛苦？”她看着我，打趣道，“将来你也能懂的！”

“呃，这个……”正当我不知道怎么接下去的时候，我的那一锅面包正好出锅了，我连忙给她让路，“你先买，你先！”

“当然是你先了！给妈妈买面包，我怎么能跟你抢？我还要向你致敬呢！为了这次春游，你妈可等了二十多年了……”她满脸都是和煦的笑容，我的心里却不是滋味。

大概是听到了我们的对话，前面的老太太给我让了道，笑着对我讲：“来来，我也让你！”

其他人似乎也受到感染，一个一个望着我，都挪到了一边，本来觉得遥远的橱窗此时已经开出一条道路，我两三步就到了。

我有些目瞪口呆地望着眼前这一幕，顿时有些不好意思起来。

“哎呀，赶紧去买呀！”我身后的妇女推了我一把。

“谢谢，谢谢大家！给妈妈买面包是我应该做的啦！”我一面道谢一面谦虚地说道，眼睛里已经浸满泪花。

我看着她们的眼睛，顿时明白过来。在她们眼中，我就像他们长大了的孩子。这个世间，所有的母亲都有一样的情怀，辛辛苦苦地操持家务，把所有的爱灌注到孩子身上，只是盼望他们有一天能长大成人。那时候，他们自己年纪也大了，希望儿女心里面也装着自己，不求能够像自己装着他们那样多，只求下班顺路，能够买一袋面包……

我在众人的目光中缓慢地移动，恍然间，这条路变得很长很长，好像长到时光里，长到岁月中，我从一个什么都不懂的孩子，渐渐地开始明白事理，开始懂得做母亲的心。

成长的路上
伤了又怎样
至少我很坚强
至少我很坦荡

夜幕笼罩，一片灯海
多少人，多少种无奈
在星光里遗忘昨天的伤害
一觉醒来还有期待

我不放弃
爱和勇气
我不怀疑
会有未来

抛开过去
我想认真去追寻

曾经的爱和勇气
像过去那样走来
紧紧用双手将我环绕
未曾消失过

第5章 那些爱和勇气不会消失

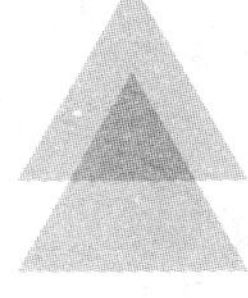

离婚后，她成为我的室友

我望着她，内心有点儿惆怅，我们到底如何一步一步走到今天这步田地的，非要闹到形同陌路才罢休。

1

夜晚，我躺在沙发上望着天花板，再也没有人在耳边唠叨，真清静。这时候我觉得，离婚真的是最明智的选择。

在我提出离婚之后，给了彼此三天的冷静时间，双方都没有异议，就去把离婚证办了。看着红本子变成绿色的，说实在的，我没什么特别的感觉。

感觉这种东西，说没了就没了，谁都没有办法。

我和她是大学同学，大二在一起的，挺过了“毕业分手”的魔咒，工作后继续在一起三年，上上下下也有六年了。

激情、新鲜感什么的早就磨得差不多了。我们都是新一代的年轻人，彼此经济独立，又没有孩子牵扯在其中，离婚在这个时候，好像成了一件水到渠成的事情。

离了婚也好，给彼此自由，现在我们也都还年轻，还有很多可能性。唯一的问题就是，离婚后我们还得同居一阵子，因为现在住的这个房子是我公司的宿舍，一日夫妻百日恩，我也不能因为离婚了就把人赶出去，怎么也得让她把房子找好再说。

两个从前是夫妻的人现在变成了“前夫”和“前妻”，又住在只有一室一厅的小房子里，多少都觉得有点儿别扭。从前她总是指着我的鼻子挤对我，问我到底是不是个男人，然后又感慨自己怎么会嫁给我这样的窝囊废。今天，我这个窝囊废总算绅士了一回，在离婚的第一个夜晚，自己抱着枕头和被子去客厅睡沙发。

其实，睡沙发和睡床真心没什么区别，我反倒觉得轻松自在不少，跟下了课就一窝蜂冲出教室的学生一样。转念再一想，又觉得搞笑，大学谈恋爱的时候我们还挺纯洁的，虽然偶尔也会光顾一下学校周边的小旅店，但是像同居这种事情，真的想都不敢想，又不是拍电影，还“婚前试爱”啊！

谁都没想到，离了婚我们反倒是同居了，如果放在结婚前，应该还是蛮有情趣的事情，只可惜没有时光机。

我翻了个身，不小心硌到了脖子，顿时后悔起来，这是自作孽，不可活。记得结婚的时候她要买布艺沙发，说很文艺清新，我偏要买檀木沙发，觉得大气，这会儿自己吃到苦头了。

脑子里乱七八糟地想了很多，往事混在一起，渐渐地我就睡着了。

第二天早上起来，脖子又酸又痛，我一边揉一边想，早知道最后还要遭这罪，当初就该听她的，买布艺沙发。

2

早上我被尿憋醒了，翻个身就赤着脚下了床，哦不，今天下的是沙发，眯着眼睛走到洗手间门口就听见里面有哗啦哗啦的水声。我还是习惯性地嘀咕："什么时候养成的臭毛病，早晚都要洗澡……"唉，反正也都习惯了，随她去吧。

我顺手拉开洗手间的门，掀开马桶就方便，耳边立马就响起了凄厉的尖叫："啊！流氓！"

我一抖，顿时头脑清醒，连尿都憋回去了，也火气冲冲地吼回去："大清早的鬼吼鬼叫什么？还流氓……"我有点儿无语。

"我在洗澡你跑进来干吗！这不是流氓是啥？你赶紧给我出去！快出去！"说着她就一味地赶我走。

这时候我男人的自尊心就冒出来了，偏偏不能让她如愿，说："厕所的门又没有坏，你自己不知道反锁吗？再说了，不是还有浴帘挡着吗？我能看到你啥啊！真是自以为是，就你那豆芽菜一样的身板，我稀罕看啊？"我不知不觉地就把话说重了，大概这个时候人都是这样，明明知道那些话很伤人，却偏偏要说出来。

"你！"她气得有些气结，一把拉开帘子，裹着浴巾湿淋淋地跑出来，最后狠狠地甩上浴室门，出去前还回了我一句，“我当初真是瞎了眼才看上你！”

泼妇！我在心里愤愤地想。就她这臭脾气，离开了我估计也没有人要了。想着她将来孤独终老的样子，我的心情顿时又明朗起来，一边洗漱一边哼起小曲儿。

洗漱好了后我要换衣服准备上班，只见卧室门紧紧地闭着。shit！这个丑女人，居然将门锁上了，我的衣服都还在我的柜子里呢！我火气冲冲地敲门，说：“喂！开门，我要换衣服！”

她大概还在生气，半天没理我。我只好自我安慰，算了算了，都离婚了，犯不着和她计较那么多，然后就到沙发上坐着等。

半个小时之后她才将门打开，倒是穿了身光鲜亮丽的衣服，化了淡妆，清新可人。只可惜临走之前，她恶狠狠地瞪了我一眼，那狰狞的表情顿时就破坏了美感。

等我换好衣服赶去公司时，已经迟到了。

3

晚上下班，同事们都陆续回家了，我一改往日到点就飞奔去挤地铁的风格，一直磨蹭到很晚，因为我现在不急着回家了。家里的那个女人，已经不是我的妻子了，我总不能再厚着脸皮蹭她的饭吃吧？多没面子！

我打电话约了几个平时要好的哥们儿，他们竟然一致回绝我——没时间！

“靠，没良心的！”我一边嘀咕一边在街边溜达，考虑要吃什么。平时都是她煮饭，也不用我操心，现在忽然吃不上了，还真不知道吃什么。

我走在路边，望着灯火通明的街巷，小饭馆一个一个热闹得紧，我犹豫了一下，进了一个人不是那么多的饭馆，免得显得自己一个人冷清。

我随便点了几个菜，在等上菜时还在嘀咕：“这帮臭小子，都不来陪哥们儿！我还省钱！”说实在的，自己一个人吃饭，真他妈不是滋味！

菜上来之后，我夹了一筷子尝了一下，这口味……实在是不敢恭维。我囫囵吞枣地划拉了两口，实在是没胃口，算了，不吃了，回家吧。

都已经到楼底下了，我又犹豫了，我不想看见她那张寡淡的脸，又折回去百无聊赖地溜达，随意逛逛，消磨时间。真的是度日如年，好不容易熬到了九点，我才回家。

一推门就见她坐在沙发上，一副正襟危坐的样子，见我进来了就起身为我沏了一杯茶，好像特意在等我。

“怎么了？”我站在玄关处换鞋，一边问她。

“你过来，我有事情跟你商量。”她微笑着回答我。

看到她的微笑，我一阵恶寒。这绝对是笑里藏刀啊！我有种不好的预感，皱着眉头走过去，说：“你要干吗？”

“毕竟我们现在离婚了，很多事情都没有以前方便。再加上今天早上发生的那种尴尬的事，我仔细考虑了一下，我觉得我们有必要把事情说清楚，所以制定了下面的约法三章。你听听看，如果没有异议，我们就签字画押。”她一边说着，一边将一张纸推到我面前。

我一看，我的乖乖，好家伙！这哪里是什么约法三章，简直是不平等条约，处处压迫我。

1. 在一方使用洗手间时，另一方不能用任何借口进入；

2. 不能以任何借口接触对方身体；

……

巴拉巴拉一大堆，我数了数，大大小小加起来竟然有二十九条。并且，每一条都是维护她的！

还没等我反应过来，她就问：“看完了吗？有意见没？没有的话就签字吧，我们一人一份。”说着把笔递给我。

我抬起头瞪着她，见她一副“狼牙山五壮士英勇无畏”的表情，心中一阵冷笑：“搞得好像我真的要占你什么便宜似的。如果真的想怎么你，还离婚干啥。”

“没意见！”我冷冷地扫了她一眼，一把扯过笔，潇洒地签上自己的大名。

正当我准备转身时，她说：“毕竟是我占了你的房间，造成你生活上的不便，作为回报，我晚上继续煮饭给你。”

我顿了顿，没说话。

谁稀罕啊！

4

自从签了那个不平等条约，我有好长一段时间不习惯，毕竟三年都是那么过来的，哪能一下子改掉啊。刚开始几天的时候，做什么都觉得束手束脚的，稍不注意就会违约！然后就会被她表情严肃地警告！真的是够了！

而且，每天晚上我都要做一个无家可归的游魂，在街上觅食。

我从来不知道我这个都奔三的人了，竟然还有这么孩子气的一面，一边走还一边嘀咕："你以为你说给我做饭我就得感恩戴德？想多了吧你！我偏就不吃你做的饭了，我看一个月下来我会不会饿死！往后大半辈子都没有你呢，我还不活了不成？"

想到这句话，我心口忽然一酸，好像从梦中醒来，真真切切地感觉到，我和她真的离婚了。这时又有别人家的饭菜香飘过来，我心中还真不是滋味。

就这么相安无事地度过了一个礼拜，那天我进门的时候，她把自己收拾得光鲜靓丽地准备出去。

我一边换鞋子一边假装随意地问："怎么，要出去？"我闻到了她身上淡淡的香水味，好像是上个生日的时候，我勒紧腰带给她买的香奈儿，为数不多的奢侈品了，她平时都舍不得用，看来这次出去不是那么简单。

"对呀，今天阿雅约我见面，介绍一个朋友给我。"她一边说一边照镜子，搔首弄姿的模样十分欠揍，"这是我新买的衣服，怎么样，好看不？"

我歪着嘴阴阳怪气地说："好看！好看得不得了，最适合勾搭高富帅！"

她扭过头瞪着我，一脸厌恶地说："狗嘴里吐不出象牙！"

随后又装模作样地浅笑，从我身边的桌上拎起手包，扭着腰往门外走，“我现在已经是单身贵族了，钓凯子又怎么了，你有意见吗？有意见你倒是提啊！”

“你！”我瞪着她婀娜多姿的背影喊道，她立马又说：“可是我不会听！”

随后就是门被关上的声音，我还没反应过来门又开了，她探进头来，说：“哦对了！你现在也老大不小了，是时候考虑自己的终身幸福，有什么好消息别忘了告诉姐们儿我啊，我第一个给你准备红包！”

我刚想说话，她就缩回去把门关上了！这是在干吗？向我示威？要我吃醋？试探我的反应？能不能不要逗我，你以为这是在拍电影啊，还有那么多口是心非的玛丽苏情节！

“吼吼！”我翻了个白眼，开了一听啤酒坐到沙发上，打开电视准备看球赛。

看了老半天，完全不知道自己在看什么，脑海里乱七八糟的。我拍了拍自己的脸，自言自语道：“嘿哥们儿，你想啥呢，不会真的在吃醋吧？”不可能啊，是我提的离婚，怎么可能吃醋，一定是错觉！

反正我是死也不会承认的！

两个小时后她回来了，从我身边路过时，我隐隐看到她面色惨白，像是霜打的茄子，萎了。

我没有和她打招呼，她没有跟我讲话，径直走到卧室，再也没有出来，连澡也没洗。

我忽然想起网上的一句话：“看你过得不好，我就放心了。”

那时，我心情莫名地就好起来，还落井下石地想：“活该，叫你出去浪，没讨到便宜吧！嘿嘿！”

半夜三更，我睡得正香的时候，卧室里传来她声嘶力竭的尖叫声，我也猛地跳起来，说：“怎么了怎么了！”

她穿着睡衣跑出来，一下子扑到我怀里，搂着我的脖子，整个人像是树袋熊一样挂在我身上，我条件反射似的搂住她，一面拍着她的背安抚：“别怕别怕，到底怎么了？”

她将脸埋在我肩上，哆哆嗦嗦地说：“蟑螂……”

顿时，我明白过来，虽然她平时一副泼妇的架势，在我面前凶悍得不行，但是对这种蟑螂老鼠什么的，她依然怕得要死。

我将她从我脖子上扯下来，同时还拍着她的后背安抚：“乖，别怕啊！你先在沙发上坐着，我进去给你打蟑螂！”

我在房间里找了几圈，没有看见小强的影子，最后颓废地坐在她床边上，看着熟悉的床单被套，心中忽然涌出一股莫名其妙的伤感，刚刚那一瞬间，我觉得我俩好像没有离婚似的。

我回到沙发上坐着，她又扑过来搂着我的脖子，一副受到惊吓的模样，说：“打死了吗？”

“打死了。”我撒了个谎，如果不这么说的话，她一定会不依不饶地让我继续找，今天晚上就甭想睡个安稳觉了！

见她还不撒手，我只好推了推她，说：“好了，你可以回去睡觉了。”

“我不回去，我害怕！”她又往我怀里挤了挤。

“你忘了我们已经离婚了？况且，约法三章里面明确规定，不能以任何理由接触对方身体，现在你犯规了！”我指了指她挂在我脖子上的手。

她先是一愣，显然没有想到我会这么说，我他妈也没想到自己这么混账，会说这样的话！

“对不起！”她低着头说，随后赤着脚就跑回卧室，嘭的一声把门甩上。

我呆呆地坐了好一会儿，随后狠狠地抽了自己一个大嘴巴！我真是小肚鸡肠，大男人怎么能跟一个女人计较，还是自己的女人！好吧，从前的女人！

我懊恼地倒在沙发上，闭上眼睛准备睡觉，然而，睡意全无。在静谧的夜里，我听见卧室里传来压抑的哭泣声，她好像不想让我听见，闷在被子里哭！

我心里一阵慌乱，犹豫要不要进去。

忽然，我又抽了自己一个大嘴巴，是男人就该进去！关键时候不能尿！

5

我推开房门，看见被子盖着的一座小山在不停地耸动，我连忙坐到床边，拉开被子轻声问："你到底怎么了？”看着她哭得一脸泪水，还在控制不住地抽泣，我心中一痛。

谁知她一把推开我，开始大吼大叫："谁要你管？不是离婚了吗！不能以任何理由接触对方，你给我放手！”她使劲推开我，手指甲不小心在我脖子上滑了一下，我顿时火烧火燎地疼起来。

我知道自己刚才混账了，不仅没有生气，反而将她抱得更紧，低声道歉:“对不起，刚刚是我不好，太小家子气了，我跟你道歉，你别往心里去好不好？”

听了我的话，她也不再对我咆哮，反倒声嘶力竭地哭起来，同时死死地搂住我的脖子，好似抓住了最后的救命稻草。

我也不知道她到底哭什么，也就没有再安慰，只是轻轻地拍着她的后背，将肩膀借给她。现在她心中难受，哭出来反而好一点儿。

不知道过了多久，她眼泪也流干了，开始絮絮叨叨地讲她昨晚的遭遇:“阿雅给我介绍的那个朋友，竟然是个台湾的糟老头，已经五六十岁了，一副色眯眯的嘴脸，我屁股都还没坐热，他就开始对我动手动脚！”

“死老头！欠打！”我骂骂咧咧地说，随后又安慰她，“没事儿，都过去了，不哭！”

她似有若无地点了点头，继续说:“最让我不能忍受的是阿雅，她竟然说我已经是离过婚的人了，跟个有钱的老头子没什么不好的，至少以后衣食无忧……”说到这里，她又哭起来，不停地擦眼泪，“离过婚就要受到歧视吗？离过婚我就这么廉价了吗？”

“没有没有，你很好！”我鼓励她。

忽然，她瞪着我，一字一顿地问:“既然我很好，那你告诉我，我们为什么要离婚？”

她一直都没有问过我这个问题，我也没有想过，只是觉得两个人在一起这么久，感情淡了，也就该分开了！忽然要我回答为什么，我哪里答得上来。

她搂着我脖子的手不知什么时候变成了掐我，她哭得像个被抛弃的孩子，哑声问我：“我们为什么要离婚！你告诉我，为什么要离婚！”

是啊，为什么要离婚？我皱着眉，脖子被她掐得有点儿疼，但是我没有挣扎，伤害她这么深，让她掐一下出出气就出出气吧！我这是活该！

不知不觉间，我们就那么沉沉地睡过去。第二天早上，阳光从窗户洒进来，照在我们身上，我睁开眼睛，看着我歪七扭八地躺在床上，我还抱着她，她也搂着我的脖子。

我不敢动弹，害怕惊醒了睡梦中的她。多久了，我已经多久没有这么为她着想过了。

在一起久了，柴米油盐酱醋茶将那些美丽的梦幻抹灭殆尽，哪里有闲情逸致看对方清晨时惺忪的睡颜。

这三年里，我们都是被闹铃吵醒，带着满满的起床气洗脸刷牙，挤地铁，吃路边摊儿。下了班回来还会抱怨对方，稍微有一点儿小摩擦就会吵架……

我望着她，内心有点儿惆怅，我们到底如何一步一步走到今天这步田地的，非要闹到形同陌路才罢休。

忽然，她睁开眼睛，见我在看她，脸上有一闪而过的羞涩，接着，慌慌张张地松开挂在我脖子上的手，垂着眼说：“早啊！”

我也有点儿不好意思，连忙从床上跳下来。

“昨晚，谢谢你！”

“一点儿小事，有什么好道谢的。”我心中有点儿失落，我们什么时候开始要这么客气、这么生分了？

6

经过了那一晚，我们之间发生了微妙的变化，说不出哪里变了，但是就是和以前不一样了。

有一天晚上，我下班后无意间看到路边有卖炒年糕的，我记得她特别喜欢吃，就鬼使神差地买了一份。但是买了是自己吃，还是拎回家和她一起吃？我犹豫不决。其实也不是什么大事儿，可是在这个节骨眼儿上，就是下不了决定。

在帮我打包的时候，老板善意地提醒：“先生，一定要趁热吃哟，不然一会儿冷了会粘在一起，就不好吃了！”

“好的，谢谢啊！”我给了钱，犹豫一下，还是硬着头皮回了家。

我开了门，看见她正在厨房做饭，房间里弥漫着饭菜的香味，那一瞬间，我觉得这一幕好温馨、好幸福，平淡而美好。

当然，这些已经不属于我了。

她听到声音，回过身看我，目光落在我手里拎着的炒年糕上。

我支支吾吾地解释：“啊……这是炒年糕，下班的时候刚好看到，顺便买了一份。”

她端了一盘小炒青菜出来，笑着说：“是吗？我好久没吃了，还挺怀念的，正好加餐。”把菜放到桌上，她从我手里接过袋子，“快去洗手吧，饭都煮好了。”

我望着桌上的饭菜，心里酸酸的，不是滋味。见我还愣在那里，她过来推了我一把，说：“赶紧去啊！”

我这才到厨房里洗手，算算日子，我已经在外流落了二十多天了，这二十多天吃的是瘦肉精、地沟油、染色馒头，混得那个屃！

我出来时她已经把饭都盛好了，坐在椅子上等我，说：“快，吃饭了，我都饿死了。”

我坐过去，拿起筷子夹了一大口，她做的菜，简直是人间美味！

我其实也不想狼吞虎咽地扒饭的，可是太久没吃到她做的菜了，我真的忍不住……

“你慢点儿，我又不和你抢。”她笑起来，像是母亲宠溺孩子一般，把盘子往我身边推了推，“这个你喜欢吃。”

我也顾不得说话，只是闷头吃饭。

“别噎着，喝碗鱼汤。”说着，她给我盛了一碗白花花的鱼汤，我咕噜咕噜就喝见底了。

“你最近都瘦了，让你别在外面吃你偏不听，又贵又不好吃。”她有些不高兴地数落我，犹豫了一下，才又说，“明天记得回来吃饭，我等你。”

我没有说话。

吃完饭后，不知道出于什么心理，我抢着收拾碗筷。

她一把抢过去，说：“得了吧你，结婚这么久也没见你收拾过，还是我来吧。”

“我……”我竟无言以对。

“没事，你去看球赛吧，我已经习惯了。”

我坐到沙发上，打了个饱嗝，好像吃撑了，我一边揉肚子助消化一面换台，见她收拾好从厨房出来，连忙招手：“过来坐！休息休息！”

她擦干手后坐过来，我忙不迭地给她倒了杯茶。

她接过去后咯咯地笑起来，说：“今天怎么这么客气？我都有点儿不习惯了！”

我有些不好意思地挠挠头，说：“从前，我很坏吗？”

“我没说你坏啊，只是有点儿懒而已。”她喝了一口水继续说，“你看，现在我们都离婚了，你什么时候洗过衣服？”

我被她说得一愣，这二十几天来，我好像确实没有洗过衣服……

“我忘了……”

“我知道你忘了，所以我都一起帮你洗了。以后我不在你身边，你要学会自己照顾自己，别成天跟个马大哈似的……”她又絮絮叨叨地说起来。

如果放在以前，我一定觉得她唠唠叨叨的像个老太婆，现在听起来，莫名地觉得动听。

“以后你不在我身边……”我自言自语道，“也是，我们都离婚了，离婚了……”之后我不再说话，她也不说话，顿时陷入了沉默。

那天晚上，我们坐在一起看了三个小时的电视，谁都没有开口说话，也没有换台，就那么傻愣愣地盯着电视屏幕，可是我看了什么，一点儿都记不起来了。

7

一个月的时间眨眼就过去了，那天晚上吃饭的时候，她跟我说：“我的房子已经找到了，等到周末放假的时候搬家。”

我“哦”了一声，就不再讲话，心好像被人挖去了一块，很空很空。

星期六一下子就到来了，一大早我就看见房间里堆满了东西，她的行李箱平摊在地上，装满了衣服。我看得心里难受，毕竟是曾经占据自己生命的女人，忽然就要这么走了，真的难受。我随便找了个借口，出门溜达溜达。

我走在马路上，看着周围熟悉的景象，脑海里浮现出我们一同经过那段时光，一起轧过的马路，一起吃过的餐馆，一起……毕竟是三年的时间，三年的回忆啊！忽然发现自己变成了韩剧里面的悲情男主角。

“妈妈你看，那个叔叔在哭！”忽然，身边一个小孩儿指着我大叫起来。

我一愣，赶忙抹了一把脸，勉强挤出一个笑容，说：“没有，有沙子不小心到叔叔眼睛里去了。”

真搞笑，好好的大男人哭什么哭！

我费力地打起精神，自尊心让我装出一副无所谓的模样。我漫无目的地打发了一天的时间，像是无家可归的幽魂一般，在街上晃晃悠悠。

天色暗下来，我坐在马路牙子上抽烟，手机震动一下，是她发来的短信："我把饭都做好了，快回来吧。今天，是我们最后的晚餐了！"

呵呵，最后的晚餐！去他妈的最后的晚餐！我忍不住就要爆粗口了，最后还是没骨气地往回走。

是呀，这是我们最后一顿饭了，后半辈子能不能再见面还是个问题，怎么说都得吃个散伙饭啊！

刚刚到家门口的时候，我见一个小伙子手里抱着一捧玫瑰花站在楼道里，好像是要到对门去。见我走过去，他不好意思地笑了笑。

我也点头示意了一下，打开自家的门。

晚餐出乎意料的丰盛并且富有意境，她在桌上点了两支蜡烛，放了红酒，穿着结婚时我给她买的红色连衣裙。

她见我回来，一边倒酒一边说："我们结婚这三年来，都没有一起喝过酒。现在是最后一餐了，再不喝就没机会了。"

我坐过去，接过酒杯，和她碰了一下，仰头一饮而尽。

红酒空腹下肚，胃里火烧火燎地疼。

我们都不说话，只是闷头儿喝酒，我的酒杯见底了她就给我满上，她的酒杯见底了我就给她倒一点儿。其实，我应该有很多话想说的，可是说了也没有用，说了也改变不了我们已经离了婚的结局，改变不了她明天就要走的事实，那还有什么好说的？干脆喝酒得了，喝醉了什么都不知道了，什么都能过去。

我脑子里乱七八糟地想了很多，大概是喝得有点儿高了，我脑子迷糊糊的，有点儿疼。我甩甩脑袋，算了，不去想了，她离开不正是我希望的吗？这样就没有人在我耳边啰唆了，也没有人不准我抽烟，不会在我没洗脚上床的时候把我踢下来了……没有她，我的世界重新有了色彩，简直就是新生啊！

想笑，可是笑不出来，嘴里的酒又苦又涩，我忍不住地小声嘀咕："最后一顿了还这么小气，这是什么烂酒，就不能买点儿好的？"

就这样，我们吃完了最后一餐。

她枕在自己的胳膊上，喃喃道："你的衣服我都叠好了，放在柜子里。左边是白衬衫，右边是毛衣，领带打好结了，到时候你套一下就好。以后不要熬夜，如果非熬夜不可，一定要准备点儿夜宵，不然你那破胃，根本受不了！

"还有，银行卡我放在抽屉里了，水费电费会自动扣钱，我已经去银行把绑定的号码换成你的了，跟你说一声，你心里有个数，免得觉得莫名其妙的……"

她一直叨叨个不停，我听得心里难受，绞着痛。

"今天还和你爸通电话，他身体不大好了，老风湿越来越厉害，好像药也快吃完了，药名、地址什么的我写好了贴在床头上了，你周末有空买点儿，买好了药，给他寄回去。平时有空多打打电话，父母都老了，你要时刻惦记着……"

她一件一件事情地交代，我时不时地点点头回应一下，其实，就算我不回应，她还是会讲下去。我们好像都陷入了一个奇怪的情景，在面对近在眼前的分别时，满心都是不舍。尽管我们一早就知道了迟早要分开，做了一个月的心理准备，以为自己准备好了，可是真的面对时，还是那么手足无措。

我把头枕在桌子上，不停地晃，我不想听她说话，不想记住那些东西。我记不住，她是不是就会放心不下，然后不走？

“我没有告诉他们，我们已经离婚了，怕二老一时接受不来，你以后有机会好好跟他们说，别刺激他们。这是我们结婚时，你妈给我的戒指，这是你们家族传下的东西，我就不带走了。”说着，她把一枚翡翠戒指递到我面前，我望着它，感觉眼眶里有什么滚烫的东西要流下来。

“我们共有的财产都是一人一半，按照我们上次商量好的。”她支着桌子站起来，重重地吐了一口气，又扭头四处看了看，“差不多也就这样子，你还有什么想说的？”

我有很多想说的，可是不知道从何说起。我想告诉她，和她在一起的这三年里，是我最幸福的时光，是我不懂得珍惜；我想告诉她，这一个月同居的日子，让我找回了生活的乐趣，不再觉得枯乏无味，我已经重新爱上她了；我想告诉她，我后悔了，我不想离婚了。

可是我张了张嘴，一句话也没有说，我不知道从何说起，不知道怎么开口。

“你要是没什么想说的，就这样吧。今晚你睡卧室，我睡沙发，明早搬家公司来得早，你睡里面方便些，也能多休息一下。”

我从来没有那么无措过，木然地点了点头，起身走进卧室，关上了门，躺在床上瞪着天花板，耳边都是她在外面收拾碗筷的声音，心中一片乱麻。

呵，还休息，休息个大头鬼！我他妈的彻夜失眠！

8

果然，第二天一大早就听见搬家工人来敲门。我因为一夜没睡头疼得要命，随后就听见她小声地提醒“轻点儿，里面还有人在睡觉”，忽然，心中一暖，甜甜的。

忽然，我听见她敲门：“你醒了吗？”我从床上坐起来，没有吱声，我以为她还会讲点儿什么，可是门外已经没了声响，我失望地耷拉着头。

过了一会儿，门缝里塞进一张纸片，我连忙跳下床捡起来看。

我走了，照顾好自己。

——前妻

她居然落款了前妻！去你的前妻！我在内心咆哮，他妈的我不想你变成我的前妻！

屋外闹腾一阵又安静下来，我听见邻居跟她讲话：“以后有空回来玩啊！”

我在门口打转，我要留住她，我为什么要放她走，为什么要离婚，为什么要放弃这么好的女人？

我在心里鼓励自己，赶紧去把她追回来啊！现在拉开门冲出去。一把抓住她死也不让她走，来得及！

我一把拉开门冲出房门，楼道里空空如也，早已没有了她的身影。我连忙跑回屋里，拉开窗户冲楼下喊:“你等等，别走！先别走！”

我要像个男人，我一定要把她留住。

我跟逃命似的冲下楼，三步并作两步冲到她面前，她却面带微笑，在我喘粗气的空档轻声说:“谢谢你下来送我。”

我一把抓住她的胳膊，哑声说:“你都说我懒，也不会照顾自己，我现在都还没学会，你走了，我该怎么办？”

“这些我帮不了你，毕竟我们现在已经离婚了。”她抚了抚眼角的泪水，“或许，你可以再找一个人来照顾你。”

我不知道她是赌气还是故意讽刺我，我心中一口气就冲出来:“去你妈的，再去比着你的样子找一个替身吗！你不是就在我面前吗，我为什么还要去找别人！我不去！”

“我们已经离婚了，还是你提的。”她一动不动地望着我。

“是我提的，我后悔了，我错了，你原谅我这一次好不好？”我此时就是一个㞞包，面子什么都是浮云，此时留住她才是最要紧的！

见她没有说话，我再次哀求:“就这一次好不好？求你了！”说着，我的眼泪就稀里哗啦地掉下来。

“大男人，你哭什么？也不怕人笑话！”她连忙给我擦眼泪，自己也哭了。

“什么男人不男人，没有了你，我做男人都没意思！”

“仔细想想，我们在一起也有六年了。男人都是这样，得到之后就不懂得珍惜，结婚后你就没有关心过我，好像我为你做什么都是理所当然一样。我是你的老婆，不是你请的仆人。

有时候跟你唠叨几句，你觉得我唠叨；我让你花钱别那么大手大脚的，你嫌我抠门儿！反正我做什么，你都觉得是错的……和你在一起这三年，我也很累。要不是我爱你，我放不下这段感情，你以为我会跟你窝在宿舍的房子里，整天让你嫌弃？但是爱这个东西，也很容易磨灭的……现在，我真的累了，我想走了。”

我听她说了这些，顿时觉得自己混账，怎么能混账成那样子，拉着她的手死也不撒，说：“我错了，你说什么就是什么，我都改，都改！以后换我来爱你，换我来付出，换你来嫌弃我……”

见我哭得鼻涕眼泪糊了一脸，她的脸上露出一种奇怪的笑意，还带着些胜利者的骄傲，说：“我们已经离婚了，想要重新在一起，要么你跪下求婚，要么我走人。”

“我求，我求！”我立马单膝跪地，抓着她的手大喊，“前妻，我爱你！我离不开你！再次嫁给我吧！”

“你这么窝囊的样子，连玫瑰和戒指都没有。”她嫌弃地将头撇开。

我慌忙四处张望，玫瑰和戒指，这个节骨眼儿上哪里去找啊！

“小伙子，昨天我闺女收到一束玫瑰，快来拿去救急！”不知何时老大爷趴在窗户上看热闹，此时笑眯眯地对我讲。

我连滚带爬地上了楼，冲进老大爷家里抱住那捧玫瑰，正好是昨天那哥们儿的。

戒指怎么办，戒指……我脑子里一团乱麻，忽然灵光一闪，翡翠戒指，对！翡翠戒指！

我冲回家里，我记得昨晚吃饭时给我，我随手放在桌子上的……我四处翻找，没有，沙发上找，没有！

我将东西翻了一地，桌上的杯子都碎了几个。

不知何时她上了楼，站在我身后，我慌忙将玫瑰塞到她怀里，跪在地上抓住她的手，说：“戒指我找不到了，我以后补给你一个一克拉的，你先答应我好不好？”

她望了望一片狼藉的客厅，摇了摇头，说：“就你这样，我走了还真放心不下。”说着，从挎包里拿出一个丝绒盒子，打开，一枚色泽温润的翡翠戒指躺在里面。

“真是抱歉，我不小心多拿了一样东西。”见我没动，她有些羞赧地说，“快给我戴上啊！”

“好，好！”我跟个二愣子似的，笨拙地取出戒指，再次戴在她的无名指上。

忽然，她眼中就涌出了眼泪，我站起身一把抱住她，死死地抱住，这一次，再也不松手。

今夜，我拥抱了一个陌生人

我走过去，深深地拥抱他，说：
“今天的月色真好。”

我喜欢北京这个光怪陆离的大都市，但是痛恨北京拥堵的街道，讨厌北京丑陋颠簸的公交车，它们好似苟延残喘的怪兽，在大街小巷痛苦地呻吟。

每天上班的时候公交车上都人满为患，几十个人挤在车厢里，彼此身体紧紧地靠着，刹车的时候不雅观地东倒西歪，分明是陌生人，有时候却不得不抓住彼此的身体。

那时候我就想成为一个刺猬，每天都把浑身的刺竖起来，让谁也不能靠近我。

然而，我只是一个普通得不能再普通的白领，为了在这座大都市里生存，拼尽全力地工作。

九月中旬，我和往常一样加班到九点多，揉了揉酸痛的双眼，我拎起包出了办公室，直奔公交车停靠站。夜风吹拂在身上，为手臂带来丝丝凉意，混沌的脑子也稍微清醒了点儿。

“咕噜咕噜”，我听见肚子里在大闹五脏庙，从下午一直工作到现在，还没有来得及吃晚饭呢。我正东张西望地准备觅食，正巧公交车摇摇晃晃地开过来，我想也没想就冲上去，等车的上班族们也和我一样疯狂，顿时我就成了夹心饼干。

不一会儿，车子慢吞吞地开起来，笨重地驶向前方。

车厢里的人很多，车窗是紧闭着的，里面有让我作呕的汗臭味、体液味，开了不到十分钟，我觉得胃一阵抽搐，疼痛的感觉顿时传到四肢百骸，我的脸因为疼痛皱在一起。

渐渐地，嘈杂声离我远去，汗臭味离我远去，一张张疲惫的脸离我远去……我光荣地昏了过去。

不知道过了多久，我醒过来，那时候车厢里依旧很拥挤，我不知道何时被挤到一个年轻男子的怀里，我的脸贴在他胸膛，我能听见他规律的心跳声。

我的脸顿时火烧火燎地红起来，连忙后移了一步，从他怀里退出来。我不由自主地抬起头望他，他一动不动地盯着窗外，好像在想什么心事，也没有注意到刚刚靠在他怀里的人已经离开了。

我稍稍松了一口气，也装作若无其事地抓紧扶手，时不时地车子一刹车，我又和他撞在一起。我偷偷瞄向他，白衬衫很干净，做工精良，熨得笔挺笔挺的，没有一丝褶子……

九点是公交车的最后一班，在每个站点上都有很多人挤上来，但是下车的人寥寥无几。我歪着头望向窗外，看着灯红酒绿的城市，橘黄色的灯光照在地上，泛着光泽，我心中忽然生出一股暖意，这真是一座让人沉迷的城市啊。大概是为了在这座城市立足，我付出了太多太多的努力，眼中不知不觉就有泪水滚落……

忽然，公交车来了一个急刹车，车上的人像是波浪一样此起彼伏地晃动，随后车子又发动了，我又是往后一倒，撞到了年轻男子怀里，泪水顿时晕湿他的白衬衫，我刚刚张开嘴想道歉，发现他依旧目不转睛地望着窗外，我才又把涌上嘴边的话咽回去。

公交车驶向前方，慢吞吞地，窗边的景物也在缓慢地变幻着，前方的路却像是没有终点一样，我们都是漫无目的的游魂。在全国最繁华的城市里，密密麻麻的都是人，想要出类拔萃是那样艰难，有时候甚至觉得，不论怎么努力都不会有出头之日，心中的迷茫和无力是那样明显。

我重重地吐了口气，想着又要交房租、物业费、水电费了……我微薄的薪水，除去这些就只剩下一点点，只够挤公交车了。我忽然开始怀疑生命的意义，我拼死拼活地工作，难道只是为了过这样周而复始的生活吗？单调而乏味，几乎让我作呕！

我努力得来的一切，竟然是这样毫无意义地无限循环？

我不甘心，开始给自己的生活增添色彩。我谈恋爱了，接着失业了；去人才市场找工作，失恋了；继续工作，谈恋爱了……如此周期性的生活像是瘟疫一样席卷着我，我在这种状态下想起了一句话，“不是在沉默中死亡，就是在沉默中爆发”，我选择了后者，我不顾一切地开了一家小公司。

这个城市车水马龙，但是繁华背后往往是苍白淡漠的人心，伸出手什么都抓不住，就连空气都会从指缝间溜走。我以为有了属于自己的公司就有了安全感，我的心也能踏实了、安定了，谁知道又进入了另外一个残酷的世界，我为公司比从前更加努力拼命，却依旧改变不了倒闭的命运，我又重新找工作，继续为别人打工。

我折腾了好几年，搭进我所有的积蓄，好像只是绕了一个圈，最后又回到原点。

我悲痛，无助，失落，绝望，疲惫……所有的负面情绪蜂拥而来，压得我几乎要窒息而亡……

我再次乘公交车，开始起早贪黑地工作。想起过往的一切，眼泪簌簌地滚落下来。没有人来关心我，没有人来询问我怎么了，我只能任由眼泪汹涌澎湃。

忽然，车子一颠簸，我撞进一个人怀里，那个怀中有着熟悉的味道，胸膛宽广而结实，我听到他强壮有力的心跳。我原本不想那么没骨气的，但是这样温暖宽厚的胸膛引诱我，我再也忍不住，趴在那人胸口号啕大哭起来，哭得像个迷路的孩子。

我听见喇叭里响起“花市”的站点，我匆匆忙忙地从他怀里出来，他专注地望着窗外，我本想说点儿什么，犹豫片刻却缄默不语，挤到车门口下去。

我心里想，希望将来有机会能跟他道歉吧，顺便再向他道谢。

我低落地站了半晌，听见身后有人在轻轻咳嗽，我转过身瞧见年轻人站在我身后。

是他？！

我诧异地瞪大眼睛，语无伦次地说：“那个……我……”然后想起什么，连忙又说，“对不起！”

他浅浅地笑，说：“工作是不是很辛苦啊？”

“嗯。”我点了点头，随后红着脸指向他湿了一片的白衬衫，“不好意思，把你的白衬衫弄脏了。”

“没事，脏了洗洗就好。”他温柔地说，“生活像是河流一样，我们都被裹挟着往前走，根本停不下来，也不是我们能决定的，所以只能咬牙坚持！”

我低声说：“谢谢你。”

“我们都会好起来的。”在橘黄色的灯光下，他的笑容好似流淌的清泉，给我的心中注入一股暖流。

“是的。再见。”我向他道别，随后往家方向的小巷子走。

“等等……”他犹豫了一下，“我能抱一下你吗？”

“当然。”我看见他眼中涌上盈盈泪花，同是天涯沦落人，彼此心中的苦楚，不用言说就能明白。

我走过去，深深地拥抱他，说：“今天的月色真好。”

他低喃着：“一如生活。”

“坚持下去。”

“你也是，共勉。”

我们拥抱一会儿，然后相识一笑，朝着不同的方向走去。

我没有去注意他的面容，也许之后在商场、花店、街角相遇，我可能认不出他，但是我会记得他给我的温暖和勇气。

杂货店阿婆的秘密

那本已经满是油渍、四角破损的账本，翻了几页，上面全部都是大写的“一”，其他的什么都没有。

老家的街上开了一家杂货店，是一个年迈的阿婆开的，已经很久很久了，几乎没有人说得上来到底开了多久，因为从他们小时候就在阿婆店里买东西，不论是红糖、白糖还是酱油醋，就连毛巾和肥皂都在阿婆这里买。现在，小时候在阿婆店里买东西的人都已经长大了，有的孙子都抱在怀里，这家小店依旧在街上，好像它会永远在那里，永远不会消失似的。

时间就这么悄悄地溜过去，阿婆的年纪也渐渐大起来，现在她老眼昏花，耳朵也不怎么听得清楚，走起路来也是颤颤巍巍的，让我们这些买东西的人都替她担心，生怕她不小心摔一跤。最糟糕的还不是这些，而是现在阿婆的记忆力也不行了，走到哪儿忘到哪儿，就跟金鱼似的，只有七秒记忆。

今天又发生了这样的一幕，一个小伙子提醒她："阿婆，你多找钱啦，你应该找我十块钱的，你找了我二十！"

说着，小伙子就把钱递过去。

有人问："阿婆，酱油多少钱一瓶啊！"

阿婆嚅动着已经皱巴巴的双唇："这个……你让我想想，让我想想……十块钱一瓶，不对……好像是八块钱？也不对，不对，是五块一瓶，这次准没错，是五块钱一瓶！"

有人问："阿婆，我要买一斤花生米，多少钱啊？"

"花生米，九块钱一斤。"难得阿婆一口气答了上来。

那人难以置信地说："阿婆，你糊涂啦，花生不可能这么便宜的！市场价可是十六块一斤啊！"

"是吗？十六块一斤了？那我十五块好了！"阿婆慈祥地笑着说。

这样的事情几乎每天都有，而且还经常发生。

"阿婆，你找错钱啦！你多找了我五十块，来，还给您！"

"又找错了？真的是人老了，不中用咯……"阿婆笑眯眯地接过年轻主妇退回来的钱，嘴里还不停地念叨着，脸上却没有露出一丝一毫的惋惜，好似找错了钱并不会对她造成什么损失似的。

但是周围的人看着她这样子，都替她担心，要是她总是记错价格，总是找错钱，不亏本才怪嘞，所以总是有不少人劝她：

“阿婆，你辛辛苦苦一辈子了，也该休息休息，享享清福了，这小店啊，盘给别人吧！”

阿婆总是舍不得地说：“那哪能行啊，我还能再卖几年呢……”

“到时候，只怕您老把一辈子的血汗钱都赔进去咯！”

“不会赔，不会赔！”阿婆也不生气，总是乐呵呵地回应那些善意的人们。

阿婆一辈子都在村里，她有一个忘年交的朋友李老师在中学教书，有时候会带着学生去她店里做家访，有时候去街上买东西也顺便去她店里坐坐，陪她唠唠嗑。

这天，他坐在店里半个小时不到，阿婆就已经出了五六次错，不是东西拿错就是价钱记错，或者多给别人找钱了。

李老师实在是看不过去，也好心好意地劝她：“阿婆，你再这么做生意，真的要亏本啦。”

“李老师啊，我这个老太婆做了一辈子生意，怎么可能赔本啊！”阿婆摇了摇头，拉开抽屉，拿出一个破烂不堪的本子，“你看，这是我的账本，我一五一十记得清清楚楚呢，绝对亏不了！”

李老师接过那本已经满是油渍、四角破损的账本，翻了几页，上面全部都是大写的“一”，其他的什么都没有。

李老师笑了笑：“你看你这记性，现在连自己的账本都记不得了！”然后递了回去，“阿婆，这不是账本！”

“这……这怎么可能不是账本！就是账本，你再看看！”阿婆着急了，连忙说。

李老师见她认真的神色，只得再次翻开，认真地看起来。可是，结果和上次一样，确实什么账都没有啊！他也不好再说她拿错了，只能说：“阿婆，你这账，我可看不懂！”

“那是自然，这是我自己独创的记账方法！”阿婆这才缓和了面色，笑眯眯地跟他解释，“你们这些有文化的人啊，有时候还顶不上我们文盲呢！你仔细看看，本子的正面和反面！”

李老师翻了翻，正面画了满满当当的“一”，反面只有稀稀拉拉的几个。

“我每天遇到快乐的事情，我就在本子的正面画一笔，要是遇到不开心的事情，我就在反面画一笔，最后正面都要画不下了，反面还剩了很多很多……”

确实，整个本子上都是快乐的事情，但是……李老师继续问：“阿婆，在你眼中，什么样的事情是快乐的，什么样的事情又是不快乐的呢？”

阿婆的眼睛眯成了一条缝，一脸满足地说：“就像你刚刚看到的，我找错钱了，别人退给我，有时候我把价钱说少了，他们还会善意地提醒我，就连我买米的时候，送米的小伙子还会体贴地给我倒进米缸里，你说，这是不是快乐的事情？”

“那确实是啊！”李老师也笑起来。

“你说，我这样子会不会亏？”阿婆有些骄傲地说。

“不会亏，阿婆赚了好多好多呢！”

阿婆已经混浊的眸子里透出光芒，她叹了口气，说：“当然，不快乐的事情也有啦，有一个人来我这里买东西的时候老喜欢赊账，说是下次来的时候带给我，可是一次都没有给过，这时候，我就会在背面画上一笔；还有人总以为我看不见，会顺走一包调料什么的，手脚不干净……不过也没什么奇怪的，世界这么大，当然什么样的人都有……”

我们就是担心这样的事情多了，阿婆会亏本。随后，阿婆又说了一句：“但是零零总总算起来，还是快乐的事情多，不快乐的事情少啊！有你们这些好孩子在，我的店是无论如何都不会亏的啦，同时，我的快乐也会越攒越多，然后我就成为世界上最快乐的人了。”

阿婆的这笔账，算得还真是挺有意思的。

沉沦的那些年，三叔这样告诉我

一个人悲哀与否，不是由别人决定的；
不幸的大小，也不是由局外人来评价的，
而是由当事人自己决定的。

我自幼是三叔带大的。小时候我趴在三叔身上问他：“三叔，如果有一天早上你睁开眼睛，什么都看不见，怎么办啊？”

三叔捏了一下我的鼻子，皱着眉头做出一副深思熟虑的样子，说：“啊，看不见呀……一定是天还没亮啊！小笨蛋！”然后，三叔抱起我往天上抛，我就会吓得大声尖叫，他则会爆发出爽朗的笑声。

三叔会定期陪我去复检，我从病房里出来，看见三叔在窗边吞云吐雾，便走过去自嘲地问他：“三叔，你说，一个瞎子活在这世上是不是很悲伤的事情？”

三叔摸了摸我的头，随意地笑了笑，说：“阿瑞，你不会瞎的，你还有另外一只眼睛。有一个道理你一定要明白，一个人悲哀与否，不是由别人决定的；不幸的大小，也不是由局外人来评价的，而是由当事人自己决定的。”

我想，三叔说的有道理，这个世界上不乏身残志坚的人，我这点儿毛病算得了什么。我感受到三叔放在我头顶的手掌透着温度，好似能将一股勇往直前的力量注入我身体里。

三叔一直都是我的榜样，是我的英雄。小时候觉得三叔高大伟岸，好似天塌下来都不会让他畏惧，长大后我才知道，三叔真的是个厉害人物，是大企业的高层。

小时候三叔喜欢逗我玩，会陪着我下棋，每次他输了就会大喊大叫：“你小子耍赖！”分明是他耍赖，我冤枉啊！一旁的奶奶就会板着脸责怪三叔：“你一个大人怎么和小孩子耍赖，没个长辈样！”这时三叔就会一本正经地跟我讲：“阿瑞，要吃饭了，把棋盘收起来！”

每到这个时候，我恨不得把白眼翻到天灵盖上，没正形的三叔、奶奶和爷爷则会笑作一团。

小时候的记忆除了和三叔有关，鲜少有其他的人或事，关于父母的只有一段，这段记忆像是噩梦一样纠缠着我。那天下着大雨，爸爸醉醺醺地回来，妈妈因为爸爸酗酒十分生气，忍不住多说了两句，醉酒中的爸爸顿时怒火中烧，两人就这么吵起来，越吵越凶，渐渐地演变成动手打架。

我吓得坐在地上哭，其他的什么都不敢做。

我听见妈妈嚷嚷着要自杀，谁知道爸爸不仅没有阻止，反而火上浇油地说：“臭婆娘，跳下去吧！我都不会给你收尸！”

我记得妈妈哭得更加凶了，冲过来抱起哭泣的我夺门而出，爸爸冲上去，抡起拳头就朝着妈妈砸去。

不知道妈妈是不是吓傻了，条件反射似的将怀里的我抬起来挡，爸爸一拳落在我右眼上，顿时血肉模糊，我当场就昏过去。

醒来之后我的右眼就看不见了，妈妈因为惭愧，绝望地跳楼自杀，我的家也散了。

从那之后，我就和三叔住在一起，爸爸偶尔会回来看我，那姿态更像是来看别人的孩子。

有一天，三叔带着我去沙滩上玩，他躺在沙滩上晒太阳，我调皮地用沙子把他堆起来，他笑眯眯地对我讲：“阿瑞，你要明白，只要你活得安心，死亡就会像这些泥沙一样，不堪一击。”说着他轻轻一抖，轻而易举地就从我堆得高高的泥沙城堡中脱身出来了。

渐渐地我上了高中，有一次很重要的月考我考砸了，我们老师说了一句话：“考砸一次不要紧，但是次次都考砸，就要好好想想了……”我终于意识到自己的无能，我以为我能更好的，但是我次次都考砸，我绝望地想放弃，甚至想到了自杀。

三叔看出我状态不佳，拉着我往沙滩上跑，他跑得很快，我不得不拼了命才跟上他的步伐。三叔跑到海边，气喘吁吁地对我说：“你给我听着，你如果要追求自己想要的生活，就必须学会坚持不懈，不要轻言放弃。其余的事情，我们做不了决定，那就交给上天吧！我们能做的就是做好自己能做的事情，吾尽吾力而无悔，懂不懂！”

我盯着三叔，一句话都说不出来。

“阿瑞，你要成为一个拼尽全力去努力，同时面对失败又不自怨自艾的人。总有一天，你会成功的！”三叔语重心长地说。

没过多久，三叔因为胃癌晚期去世了，我站在殡仪馆望着他的尸体被推进火化机，觉得心中一片迷茫。

从小和我最亲近的人就这样和我天人永隔了，我浑身麻木，就连爸爸走到我身边都没有发现。

爸爸站在我身边，和我一起望着已经被推进去的三叔，幽幽地说：“阿瑞，在你心中，你三叔是不是英雄？”

我脑海里嗡嗡地直叫，爸爸的话过了很久才传到我的大脑皮层，我恍惚地点了点头，没错，从小三叔就是我的英雄。

爸爸扭过头看着我，良久才说了一句意味深长的话：“阿瑞，你一定不知道，你三叔一早就检查出患了癌症，但是他每天都很乐观地活着，甚至大部分人都不知道他是一个病重的人。”

三叔说：“吾尽吾力而无悔，做好自己能做的事情，其他的就留给上天去决定吧，至少不会遗憾，不会后悔！”

拥抱更好的自己

既定的事情没法改变，
但是未来的路还掌握在自己手中。

在我十六岁那年，我考上了省城里的大学，在乡亲们的欢送声中独自去了远方。我以为自己已经很优秀了，是只飞出山沟沟的凤凰，到了省城我才知道自己是那样糟糕，浑身满是土气，是个村姑。

在老家我没有学过英语，没有看过电影，不知道安娜·卡列尼娜是谁；我也不会用电脑，可是大学的很多作业都是要用电脑做的，只好去泡图书馆；我没有钱买化妆品打扮自己，不敢和寝室的室友出去聚餐，因为兜里实在是拿不出那些钱；我平时一有空就要去外面做兼职……

寝室的室友有一个是温州土豪，叫陶绾，她家里富有而低调，她说着一口流利的英语，多才多艺，性格还有着南方人惯有的温婉，她十分好相处。她平时都打扮得漂漂亮亮的，只要一出现就能成为人群中的焦点，男生都争先恐后地献殷勤。

在我心中，陶绾这样的女孩儿就是网络上流行的完美女神。

有一次和陶绾聊天的时候，她给我讲她小时候的故事："那一次我自己都佩服我自己，太厉害了！"说着，她就雀跃起来，"我八岁那年和爸妈走丢了，凭着模糊的记忆自己坐公交车回了家，那时候把我妈吓得都去报警了，可是走丢没满两小时不立案，他们当时都要疯了！"说着，陶绾自己也笑起来，"等他们回家时，看见我正坐在沙发上吃水果时都惊呆了，不停地夸我聪明！"说着，陶绾露出自豪的神情。

我想，城里的孩子自己坐公交车回家，真的很了不起吧。可是，在我八岁的时候，我已经可以自己翻过好几座山放牛，已经可以做好晚饭等劳作一天的父母回家吃上热饭。

从那之后，我不再羡慕陶绾了，没什么好羡慕的，既定的事情没法改变，但是未来还掌握在自己手中。

上大学的时候，耳边总是有小伙伴羡慕这羡慕那的，有时候来了例假，都会说："下辈子一定要投个好胎，再也不做女生了！"看到天生丽质的姑娘也羡慕不已："哇塞，眼睛好大好漂亮，如果我也有双大眼睛就好了！要不去拉个双眼皮吧……"还有羡慕富二代的："含着金汤匙出身的，我们奋斗一辈子，可能都及不上他一出生就拥有的东西……"

于是，我学会了不去羡慕，因为只是羡慕的话，什么都改变不了，你还是从前的自己，还是那么糟糕，只有巴望着别人的份儿。

后来，我学会了改变，我想要变成更好的自己，想要有一颗向上的心。我天天跑到图书馆去，用图书馆的电脑学习电脑知识，考计算机资格证，利用图书馆丰富的资源充实自己的内心，利用业余的时间兼职，换了几套不贵但是看得过眼的衣服……

大学毕业的时候，从前我比别人差的东西都补回来了，另外，我还学会了很多技能，我懂得如何在大城市中立足，懂得规划自己的生活，手里还捏着许许多多别人没有的证书。

没必要去羡慕别人，因为只要努力付出，你也可以的。

三十岁之后，脸上的胶原蛋白开始流失，皱纹也悄悄地爬上眼尾，一笑起来就跃上一条鲸鱼的尾巴。这个时候，我的事业也奋斗得差不多的，该有的也有了，生活也渐渐地定型，节奏也慢下来了。

有一次，我心中忽然有些惆怅，对着梳妆台上的镜子感慨："这辈子，大概也就这样了……"望着镜子里的自己，我的脑海里忽然浮现出刚刚上大学那会儿的自己，才十六岁，青涩、天真、心中充满幻想和憧憬。

三十多岁的自己，就像是一棵已经许久没有浇水的绿色植物，没有了朝气和生机，我开始羡慕十六七岁的自己，那样灵动有活力，可是那样的岁月再也回不去了。

但是静下心来想一想，我读大学那会儿和男同学讲话都会面红耳赤、心跳加速，现在已经能够周旋在酒桌之间，和男同事愉快地合作……好像我十六七岁的时候，没有羡慕过三十几岁的女人比自己有女人味，没有因为自己比不上三十几岁的女人有阅历、有味道而焦躁不安，也没有因为自己在三十几岁的女人眼中显得幼稚而黯然伤神。

就那么一瞬间，我想通了，我不再羡慕十六七岁的自己，也不再为三十几岁开始容颜褪色的自己而遗憾。

通常来说，人们一定会觉得皇帝比平民百姓要幸福得多。皇帝手中掌握着财政大权，掌握着军事大权，是平民百姓高高敬奉着的神明，就连见面的时候还要三跪九叩，高呼“吾皇万万岁”，要权力有权力，要金钱有金钱，要女人有女人，真的是人生大赢家；然而平民呢，处处受人压迫，吃不饱，穿不暖，有时候连老婆都娶不上，更别说奢望什么其他的了。

但是仔细想一想，皇帝也有许许多多地方要羡慕平民。皇帝没有自由，像是牢笼中的金丝雀，宫中规矩繁多，就连穿什么都不能由自己决定；许多时候还要权衡个中利弊，处处受人牵制；时常还要提防着别人的暗算行刺，连觉都睡不安稳……

所以说，正负相抵，到最后大约都是零。我不再遗憾自己不是一个富二代，而是一个普普通通的乡下姑娘。

活得久了，许多事情也就看得清楚，心境也就越来越平和、宁静，脚踏实地才是最要紧的，没必要去羡慕别人。

要学会在自己身上找到自信，同时给予自己生活的勇气，好好努力，遇见更好的自己，收获更加丰富多彩的人生。

后记

活着的每一天，都是特别的日子

再也不要把喜欢的东西、好的东西留到特别的日子才用，你活着的每一天都是特别的日子。

珍是我相识多年的好友，愚人节那天接到她的电话，说她前段时间出了车祸，现在正在家里休养，问我有没有时间去看看她。珍并不是一个爱开玩笑的人，我一听到消息就立马丢下电话打车往她那儿赶，一路上我还期望这是一个愚人节的玩笑。

开门的是珍的丈夫，珍坐在客厅的沙发上，腿上盖着米色的毛毯。我有一瞬间的失神，珍对我招手让我过去，说：“没办法拥抱你了，我现在站不起来。”随即她拿掉盖在腿上的毛毯。

“怎么会这样？！”我大惊。

珍平静地说："交通事故，还好只是少了半条腿。"珍的双腿膝盖以下全部被截掉了，我的眼泪一下子涌了出来。珍拥有一双多么美丽修长的腿啊！前段时间她还说要和我一起报舞蹈班学习跳舞……

珍招呼我到她身旁坐下，我只是哭，说不出话来。应该被安慰的珍反过来安慰我，一直说着没关系。我哭了一会儿才停，珍叫她丈夫推过来一把轮椅，她丈夫随即把她抱上去，我看到这一幕又是一阵心痛。

珍让我推着她进了卧室，指着衣橱让我打开。

我轻轻地打开，里面挂着一件立体绣花订珠的白色连衣裙。绣球和飞燕草缀满了整条裙子，白色和浅绿相间，含苞待放的花苞充满了无限的生机，一字肩的设计，整条裙子梦幻而柔美。

珍让我把裙子取下来，她细细拂过裙上的花瓣，比在身上给我看："好看吗？"

"嗯！"珍的微笑让我有些心酸。

"送给你。"珍把裙子递给我。我把手背到身后，摇摇头。

"我以后也穿不了了啊……"说着，珍低下了头。

我不知道怎么接话，眼泪无法控制地流了出来。珍指着衣橱下方的抽屉，叫我拉开，里面是一双象牙白色的高跟鞋，鞋跟做成了鸟笼的样子，有蔷薇绕着鞋跟长出来。

"好漂亮！"

珍认真地看着我说："这是我买来和裙子一起穿的。我一直舍不得穿，一直在等一个特别的日子、一个特别的场合再穿。可是日子一天天过去，好像每一天都不特别……”讲到这儿，珍停住了，转过去望了一会儿窗外又才转过头来，拉住我的手认真而缓慢地说，“再也不要把喜欢的东西、好的东西留到特别的日子才用，你活着的每一天都是特别的日子。”

之后在珍家吃了她丈夫做的晚餐，聊天，内容已经模糊不清了。我的脑海中，珍坐在轮椅上的样子和美丽的裙子不停地交错出现，纠缠，杂糅成一团，珍在等待的特别的日子将来会出现在她的生活中，可是她修长美丽的双腿却永远从她的生活中消失了。

等待不应该成为生活的常态。生活的每一天都是值得我们去珍惜的，每一天都是特别而重要的，独一无二的。

回到家，老公还坐在客厅等我。我径直走到卧室，换上珍送我的裙子和鞋，把扎起的头发放下，戴上了女儿送我的生日王冠，那个王冠是由铜制作而成的，正好搭配这一套。

我从卧室里出来，老公眼前一亮，说：“真好看！这些你是从哪里买的？”

我告诉他是珍送的，珍出了意外，失去了双腿，再也不能穿裙子了。

老公的笑意敛了去，他站起来拉着我的手，仔细打量，然后问：“这些看起来像是新的，她一次也没有穿过吗？”

“她买了好久，一直在等待一个特别的日子穿上它们，可是……”说着，我开始哽咽。

“可是那个日子一直都没有等到，是吗？”老公把我搂在胸口，轻柔地说。

第二天一早，我睡眼蒙眬地走到厨房门口，餐桌上已经摆好了早餐。老公正从冰箱拿出一盒牛奶，倒进雕花水晶玻璃杯里。“来吃早餐吧，楠楠已经吃过去上钢琴课了。”我走过去，盛煎蛋的盘子是我收藏多年的，瓷白的盘底，有翠绿的小叶子和殷红的小樱桃装饰，十分精致可爱。这盘子一直收在储藏室，老公说楠楠还太小，拿出来不小心就会失手打掉，到时候就配不成一套了。

吃完早餐，我把平时珍藏的东西悉数摆出来，去荷兰买的桌布、各式各样的杯子，平时总是怕弄脏洗不掉，怕孩子太小会打碎，可是渐渐地我发现，不管孩子长多大，我还是觉得她会把它们打碎。现在，我不想再为可能发生的破碎担心，不想继续等到一个我认为合适的特殊的日子才使用它们。我想要随时都能看到、享受这些美丽的东西。

收拾完，我换上平时舍不得穿的连衣裙，化了淡妆，坐在书桌前准备给老公写一张生日贺卡，即使他的生日已经过去了一周。和老公结婚已经十五年有余，渐渐地我们开始不那么直接地表达感情，即使想在生日的时候告诉他感谢他这么多年的陪伴，但是内心总是说太肉麻了，还是明天再说吧，或者下次生日再说吧。现在的我终于明白，喜欢就要说出来，因为我们不知道“明天”“下个生日”的时候对方还能不能站在自己身边。不要克制自己，要及时表达爱。

写完贺卡，我打开女儿的房间，帮她整理好散落一地的曲谱，看到墙上贴的海豚图片，我想起她一直跟我说她想要去看大海，可是我总是抽不出时间，告诉她等天气好的时候，等我们都放假的时候，等她考完试之后……等待总是没有期限的，等来等去等到今天，我还没有带她去看过大海。突然想到随着她一天天长大，对海洋的喜爱并不会一如既往，我会因此失去一次和她创造美好回忆的机会，我不想让这样的遗憾发生。查了日历，再过几天就是“五一”了，我打了电话给旅行社询问了去海岛旅游的行程安排，打算等楠楠钢琴课结束就带她过去。

我们常想跟老朋友聚一聚，但总是说“找机会”。

我们常想写信给另外一半，表达浓郁的情意，但总是告诉自己“不急”。

我们常想拥抱一下已经长大的小孩儿，但总是在等适当的时机。

我们的每一天、每一分、每一秒都是那么可贵。有句话说：“你该尽情地舞蹈，好像没有人看一样；你该尽情地去爱，好像从来不会受伤害一样；你该尽情去拥抱，好像从来不会被刺伤一样。”生活就该用力拥抱而不是珍藏。

时间总会有尽头

我却还想往前走

将最初的感动

巨细无遗地保留心中

不让时间腐朽了初衷

图书在版编目（CIP）数据

生命中最初的感动 / 沈舒然编著. — 北京 : 北京联合出版公司, 2016.7

ISBN 978-7-5502-8131-8

Ⅰ. ①生… Ⅱ. ①沈… Ⅲ. ①随笔－作品集－中国－当代 Ⅳ. ① I267.1

中国版本图书馆 CIP 数据核字（2016）第158562号

生命中最初的感动

编　　著：沈舒然
责任编辑：崔保华
特约策划：元气社（包　包　秋舞珏）
特约编辑：程彦卿　梅　子

北京联合出版公司出版
（北京市西城区德外大街 83 号楼 9 层　　100088）
北京文昌阁彩色印刷有限责任公司印刷　　新华书店经销
字数：152 千字　　880mm × 1230mm　　1/32　　印张：8.25
2016 年 8 月第 1 版　　2016 年 8 月第 1 次印刷
ISBN 978-7-5502-8131-8
定价：32.80 元